学級を最高のチームにする極意

集団をつくる
ルールと指導

失敗しない定着のための心得

赤坂 真二 編著

小学校 編

明治図書

まえがき

　人が集まるところにはルールが必要です。チームの最小単位は，２人です。だから，たとえ，学級に児童生徒数１人の極小規模校でも，40人程度のよく見られるサイズの学校でも，そこは人の集まりですから，何らかのルールが必要です。

　ルールがあると窮屈だから，学級にルールはない方がいいと言われる方もいます。その主張には部分的に賛成しますが，大筋では賛成できません。ルールは基本的に私たちを縛るものではありません。むしろ逆です。一人一人が気持ちよく過ごすために必要なものなのです。

　しかし，教師になる方々は，ルールを守ってきた方が多く，ルールの必要性をあまり感じていない方もいます。また，学級がスタートしたばかりの時は，多くの子どもたちが様子をうかがっていますから，みんな所謂「いい子」なわけです。しかし，子どもたちの中には，ルールがないと集団生活の中で不適切なふるまいをしてしまう子がいたり，時間の経過とともに，様子見の状態から脱して，羽目を外す子が出てきたりします。子どもたちの成長には，失敗やトラブルが必要であることは否定しませんが，それはあくまで，「ルールの範囲内」の話です。

　学級生活は，スポーツの試合に似ています。激しいスポーツの代表格としてラグビーが挙げられますが，タックルなどの身体接触は認められていますが，殴り合いや蹴り合いは許されません。そこには厳格なルールがあります。激しいスポーツだからこそ厳しいルールがあります。激しいスポーツほど，厳しいルールによって守られていると言えます。これからは，アクティブ・ラーニングの時代です。子どもたちの能動性が強く求められる時代です。動きの活性化した学級ほど，ルールの確立が必要ですし，ルールを確立した学級だからこそ能動性が担保されるとも言えます。

　こうした意味から，学級のルールの在り方は，学級の在り方を反映する学級づくりの基盤だと指摘できます。しかし，学級づくりにおける重要な要素に

もかかわらず，円滑な集団生活にはどんなルールが必要で，それをどんなふうに定着させればいいかという，内容論と方法論が曖昧な現状があります。そこで，読者のみなさんの学級の円滑な生活づくりのために，学級のルールづくりとその定着のための指導法に特化した今回の書籍を企画しました。

小学校編，中学校編，合わせて10人ずつの学級づくりのスペシャリストにそれぞれの学級を構成するルールとその指導法を公開していただきました。筆者によってルールの内容やその指導法は，二十人二十色です。

ルールとは一般的に規則のことですから，それに違反した場合は，ペナルティがあります。また，それに似た言葉にマナーがあります。マナーというのは，それを守るとよりよいというもので基本的に違反してもペナルティがないものです。それぞれの実践には，一般的なルールとマナーが混在している場合があります。しかし，それは学校という言わば，教育の場という特殊な環境にあるからでしょう。学校のルールや規則を破ったからと言って，子どもたちにペナルティを課すことは状況的に難しい場合があります。

だからこそ，教師は苦労が絶えないわけです。「人の話を聞こう」という行動様式があって，それをルールとして定めて，それが守られなかった場合でも，実際のペナルティは，「注意される」「叱られる」くらいです。子どもたちの中にはそれが平気な子もいます。しかし，話の聞き方が定着しなかったら授業そのものが成り立ちません。そこで，教師は「あの手この手で」定着を目指して指導します。その手間たるや，交通ルールを守らせるなんてこととは比べものにならないくらいの時間をかけ工夫をしているのです。

小学校の教師のみなさんには，中学校編を，また，中学校の教師のみなさんには小学校編をお読みになることをお薦めします。そうすると，小学校，中学校でそれぞれ大事にしているルールがわかるからです。中学校に必要なルールを小学校で身に付ける，また，小学校で学んだことを理解した上で中学校で指導されることが普通になったならば，子どもたちの学校での居心地のよさをさらに高めることができるでしょう。

赤坂　真二

目次

まえがき

第1章 学級のルール指導は，学級の姿 やわらかくあたたかく徹底する

集団をつくるルールと指導 理論編　9

1　学級崩壊のメリット　10
2　ルールの確立は学級集団づくりの基盤　11
3　「学級崩壊」時代の教師の仕事の難しさ　12
4　ルールを守る体験の不足　14
5　学級に身に付けさせたいルール　16
6　ルール指導の実際　17

「集団をつくるルールと指導　失敗しない定着のための心得」の使い方

※第2章の実践編は，下記の項目を中心にして，各執筆者が，それぞれの主張を展開しています。

❶学級集団づくりに必要なルール
▶学級集団をつくる上で必要なルールと，それがなぜ必要でどのように有効なのかをまとめました。

❷学級づくりを支えるルールづくりの具体的な取り組み
▶学級の根幹を支えるルールづくりの具体的な実践を，はじめて取り組む方にも追試できるよう，わかりやすく解説しました。
▶成功させるコツ，また失敗しそうなところと失敗してしまった際のリカバリーの方法についても，ポイントをまとめています。

第2章 集団をつくるルールと指導 失敗しない定着のための心得

集団をつくるルールと指導 実践編　21

① 「話の聞き方のルール」で安定したクラスづくり　22

1　最も大切な「話の聞き方のルール」　22
　　　(1)　学級づくりで一番大切なルールは，「話の聞き方のルール」　22
　　　(2)　「相手を見て，うなずいて聞く」　22
　　2　「話を聞く力」を育てるために教師がすべき四つのこと　24
　　　(1)　子どもが「聞く姿勢」になってから話を始める　24
　　　(2)　教師が無駄な話をしない　24
　　　(3)　子どもの発言を最後まで聞く　25
　　　(4)　話を聞く必然性をもたせる　25
　　3　「話を聞く力を育てる」具体的な方法　25
　　　(1)　話をする際の合図を決める　25
　　　(2)　発言は理由まででワンセット　26
　　　(3)　「話を聞かないと学習が成立しない」状況を意図的につくる　27
　　4　「役に立つ」と実感できるルール　31

② ルールのフィットはアンダースタンド＆エンジョイ・トゥギャザー！
　　～ルール定着の三つのポイント！～　34
　　1　履物をそろえることにより他者への貢献を感じ，ルールの定着を学んでいく　35
　　　(1)　1回1回指示をする　36
　　　(2)　スリッパの置き場所に足型を書く　36
　　　(3)　トイレには神様がいるよ　37
　　　(4)　この活動をして感じたこと　44

③ みんながスター～あたたかいつながりの中で，個性を引き出す学級づくり～　47
　　1　目指すは「みんながスター」になれる教室　47
　　2　つながりの中で，個が輝く　48
　　　(1)　個をつなぐ～つながることのよさを実感できる教室に～　48
　　　(2)　個が輝く～「みんなちがって，もっととんがっていい」～　49
　　3　個をつなぐためのルールと手立て　49
　　　(1)　よき聞き手を育てる　49
　　　(2)　ペアの対話を鍛える　53
　　　(3)　伝え方の語尾を変える～「私もやるから，あなたもやろう」～　54
　　4　個が輝くためのルールと手立て　55

(1) 学習プロジェクト　55
　　(2) 「みんながスター」　56
　　(3) 「ふわふわシャワータイム」　57
　5　子どもが自らつながり合う最高の学級を目指して　58

④ やる気を引き出すルールづくり　60
　1　ルール指導　理論編　60
　　(1) ルールとは　60
　　(2) マナーとは　60
　　(3) ルールとマナーを分けて考える　61
　　(4) ルールの大切さを子どもたちに伝える　61
　　(5) ペナルティとは　62
　　(6) スポーツを例に　62
　　(7) ルールは簡単につくらない　64
　　(8) ルールではなく，期待を告げる　64
　　(9) ルールは本質的なものに絞る　65
　2　ルール指導　実践編　65
　　(1) コーチングアプローチによるルール決め　65
　　(2) ルールは誰のためにある　65
　　(3) 話し合い活動のルールを決める　67
　　(4) ルールの決定方法　67
　　(5) 倍の数，手を挙げる　68
　　(6) ルールを決めた後　68
　　(7) 班のルールを決める　68
　　(8) ルールの六つのレベル　71

⑤ ルールを細かく決めずルールを決める!?　72
　1　ルールが徹底できないのはなぜ…?　72
　2　教師の熱い教育が恐育に　73
　　(1) 子どもを育てることは教師のエゴ　73
　　(2) 20年後，今ある職業の半分がなくなる!?　74
　　(3) 寂しく，悔しかった小学校時代　75

3　子どもを伸ばすためのルールづくり　76
　(1)　克己心を伸ばすために　76
　(2)　利他愛を伸ばすために　78
　(3)　多様な個性を認め合う集団に　79
　(4)　成長の可視化　80
4　一国の主としての責任感をもつことの必要性　81
5　育てたい子ども像を決めて，ルールを決める！　82

6　あなたたちが大切～思いが伝わるルール指導～　83

1　ルール指導の大前提　83
　(1)　担任がルールをもつ　83
　(2)　教師が示すルールと相談して決めるルールを区別する　84
　(3)　なぜルールがあるのかを考える　85
2　目指せルール定着!!　87
　(1)　失敗と，忘れられない先輩教師の言葉　87
　(2)　学校のきまりを守る　88
　(3)　聞き方の定着　90
　(4)　人間関係のルール　93
　(5)　叱ることもある，謝ることもある　94

7　安心感・所属感を育む集団づくり～学校生活スタートライン～　95

1　子どもたちの笑顔のために　95
2　低学年で安心感を育む（1年生の実践）　96
　(1)　忘れ物指導　96
　(2)　挨拶指導　100
3　学習環境　お道具箱の整理整頓　103
　(1)　ルール指導の実際　103
　(2)　失敗しそうなところ，成功させるコツ　103
4　聴くことのルール　104
　(1)　ルール指導の実際：読み聞かせ・本の紹介（朝の会）で　104
　(2)　失敗しそうなところ，成功させるコツ　105

8　有言実行！　あの手，この手で腑に落とす　107

1　自他の存在を大事にするためにルールがある　107
　　　(1)　安心の上にある「みんなちがって，みんないい」　107
　　　(2)　自由はルールという枠の中でのみ成立可能　107
　　　(3)　ルールを守ることは他者の存在を畏れ敬うこと　108
　　2　本気の思いをちゃんと伝える　109
　　　(1)　暴力は絶対にダメというルール　110
　　　(2)　人の話をちゃんと聞くというルール　113

⑨　**子どもたちに当事者意識を**　117
　　1　何のためにルールがあるのか　117
　　　(1)　ルールの必要性を語る　117
　　　(2)　ルールを守るといいことがあることを子どもが実感する　118
　　　(3)　ルールづくりに子どもが参画する　119
　　2　学級に必要なルールをどのようにしてつくるか　120
　　　(1)　担任として大事にしたいルールを明確にする　120
　　　(2)　まずは価値を語る　120
　　　(3)　いざルールをつくる　121
　　3　ルールを定着させるためのひと工夫　127
　　　(1)　日常的に意識できるようにする　127
　　　(2)　禁止より目標達成型にする　127
　　　(3)　快を体感し，共に喜ぶ　128

⑩　**「人生の宝物」を増やす**～ルールに縛られず，ルールを楽しむ～　129
　　1　守ることができないルールはいらない　129
　　　(1)　ルール無視が常習化　129
　　　(2)　守りたくなるルールへ　131
　　2　ルールを守ることで，人生の宝物が増える　132
　　　(1)　子どものやる気を活かすルール指導　132
　　　(2)　子ども発信のルールにより，自治的能力を高める　137

あとがき

第 1 章

学級のルール指導は，学級の姿やわらかくあたたかく徹底する

集団をつくるルールと指導
理論編

1 学級崩壊のメリット

　2000年頃から顕在化した学級崩壊は，教育関係者にとって大きな衝撃を与えました。かわいさやあどけなさの象徴であった小学校を舞台に起こった問題だったからです。それまでも世間で話題となった，子どもたちの逸脱行動はありました。校内暴力，いじめ，不登校，普通の子がキレるなどの問題です。しかし，それらの舞台の中心は中学校でした。

　「かわいい小学生」たちが先生の言うことを無視して，授業中に立ち歩き，私語をし，物を壊し，暴力をふるうなどの行為を繰り返し，教室全体がコントロールできなくなるなんてことを誰が想像したでしょうか。

　しかし，一方で学級崩壊によって，教育界にメリットもありました。それは，学級づくりの研究を推し進め，また，学級づくりの方法論が提唱されることを促しました。学級崩壊が起こるまでは，学級づくりの理論と方法がなかったとは言いませんが，あまり注目を集めることはありませんでした。名人芸や経験則で語られることが多かったと思います。

　名人たちの伝えることは，確かな実践に基づく事実を背負っていますから，迫力がありました。しかし，それが誰でもが使える理論と実践かというと難しいところがあります。なぜならば，それが名人芸だからです。一部の限られた能力の人しかできないからこそ名人芸なのです。また，

> 技術論には，前提がある

のです。用いようとする技術がきちんと機能するためには，前提条件をクリアする必要があります。

　例えば，180センチ近くの大柄のベテランの男性教師が，「静かにしなさい」と言ったのと，小柄な若手の女性教師が同じことを言ったのでは，効果が違うことは誰でも予想ができます。

　「静かにしなさい」という指示が機能するためには，「見た目の怖さ」という

前提論が必要なのです（誤解のないように，念のために申し添えておきます。これは，ベテランよりも若手が，大柄な方よりも小柄な方が，男性よりも女性の方が，指導力が劣ると言っているわけではありません。その逆の例は山ほどあることは重々承知しています。同じ言葉を言っても，効果が違うことを説明するための例に過ぎません）。

　それを追実践する人の力量にもよりますが，名人のやっていることを再現するには，かなりいろいろな前提を再現した上でやらないと成功することはとても難しいでしょう。そうした学級経営の原理を名人芸から，解き放ったものの一つが河村茂雄氏の，学級づくりの必要条件です。

　学級集団が成り立つためには基本条件があり，それは，ルールとリレーションの確立です[1]。ルールの確立とは，集団内の，規律，共有された行動様式のことです。リレーションの確立とは，児童生徒同士の良好な人間関係，役割交流だけでなく感情交流も含まれた内面的なかかわりを含む親和的な人間関係のことです。

2 ルールの確立は学級集団づくりの基盤

　では，ルールの確立とリレーションの確立は優先順位で言ったらどちらが先なのでしょうか。これに対する解答のヒントはみなさんもよくご存じのマスローの欲求階層にあります。これは，人間の欲求は低次の欲求が満たされることによって，高次の欲求が出現するという説です（図1）。

　最下位層の欲求は，生理的欲求です。睡眠，食欲，性欲などです。現在の教室では，ここら辺が満たされない子どもたちがいることは確かですが，学級づくりの問題と言うよりも個別の問題となりそうです。

　学級づくりの問題としては，子どもたちがまず求めるのは，安全の欲求が満たされることです。子どもたちを傷つける可能性があるのは他者です。他者のうち，教師が意図的に子どもたちを傷つけることは考えにくいので，子どもたち同士で傷つけ合わない行動様式の共有が求められます。そこで必要となって

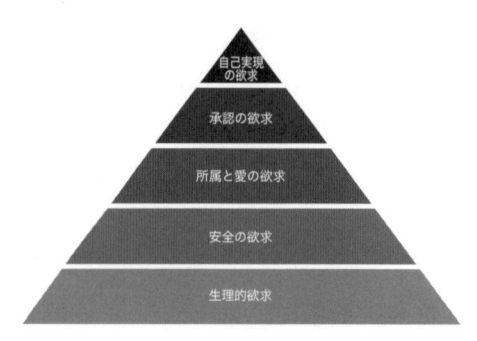

図1　マスローの欲求階層

くるのがルールです。

　リレーションの形成は，その上の所属や承認の欲求が満たされる営みの中で実現するものとして考えられます。子どもたちは，ここでは，傷つけられないと実感しないと居場所を見いだすことができません。また，居場所を見つけることができないうちは，認められようとはしないでしょう。

> リレーションの形成は，ルールの形成があって成り立つ

ものだと考えられます。単純に考えれば，どんなに認め合いの活動をしても，侵害行為がある学級でやっても効果がないということです。子どもたちにしてみれば，人のいいところを探している暇があったら，この飛び交っているトゲトゲしいやりとりを何とかしてほしいと思っているというような事態が起こり得るわけです。

　教師が学級づくりをしようと思ったら，集団生活に必要なルールを提示したり，つくったりして，子どもたちの安全を確保しなくてはならないのです。

3 「学級崩壊」時代の教師の仕事の難しさ

　学級崩壊が顕在化する2000年以前とそれ以降では，子どもたちが変わったと言われます。子どもたちが変わったというよりも子どもたちを取り巻く環境が変わり，それが子どもたちに徐々に影響を及ぼし，学校の在り方とのズレが顕在化したのが，2000年くらいだと考えた方が良さそうです。

　学級崩壊前の子どもたちは，学校に来ると児童・生徒役割をしていたと言われます。役割にはルールが伴いますから，児童・生徒という役割は，小中学校

が，子どもたちに与えたルールです。だから，児童・生徒役割をしていたということは，学校や集団生活を送る上でのルールが共有されていたと見ることができます。

しかし，学級崩壊以降は，それが失われたということでしょう。学級崩壊という言葉を使って現象を読み解いているので，これは小学校での話かと思ったかもしれませんが，それは違います。ルールが共有されているかどうかという話ですから，小中共通の話です。

ルールを共有しない子どもたちは，学級担任制の小学校では，学級崩壊を起こし，教科担任制の中学校では，授業崩壊を起こすのです。ある教師の授業になると，授業が成り立たなくなります。構造は，学級崩壊も授業崩壊も同じです。

学級崩壊が認知されてからの2000年以降を学級崩壊時代とするならば，それ以前の集団づくりとどちらが大変かと言えば，やはり学級崩壊時代です。それは丁度，楽器を演奏するようなものです。音を出すのと，音をコントロールするのはどちらが大変かと言ったら音をコントロールする方がはるかに難しいです。

学級崩壊以前の教師の仕事は，子どもたちが家庭生活や社会の状況の中で身に付けていた縛りから解放することでした。学校では，「君たちは自由だ，君たちには未来がある」と伝えればよかったのです。

しかし，学級崩壊時代は，

> 家庭生活の中で，自由を謳歌している子どもたちに，学校で社会で生きるための枠組みを教えなくてはならなくなった

のです。ただし，正しいことを教えるからと言って，かつてのような力による指導はやりにくくなりました。社会がそうした指導の在り方を容認しなくなったからです。学級崩壊時代のルール指導はとても難しい営みです。今，先生方に求められるのは「やわらかにあたたかくルールを徹底する」力なのです。

4 ルールを守る体験の不足

ルール指導を困難にしている要因には，

> ルールを守って生活をする体験の不足

が挙げられます。それには，子ども側の要因と教師側の要因があると考えています。

まず，子ども側の要因です。現在の教室には，立ち歩いたり，時にはそのまま居なくなったり，学習とは関係のないおしゃべりをしたり，注意されるとキレる，暴れたりするなど，適応に課題のある子どもたちがいるのが普通です。

そうした子どもたちは，ルールを守って行動することが苦手で，ルールから逸脱してしまうことがあります。指導をしても入らないことがあるので，やらなくてはならないことが免除されたり，要求が通ってしまったりすることがあります。

ある学級（小学3年生）に気に入らないことがあると暴れ出す子がいました。その子が離席して注意されると，たびたび泣き叫ぶので，授業が中断したと言います。先生も困って，叱ったり，なだめたりしても結局は，その子は離席をやめないし，当然，キレて泣き叫ぶこともやめなかったと言います。また，学習中の課題もやらないことがあり，それをやらせようと休憩時間に作業を指示すると，それも嫌で暴れました。

そうしたことが繰り返されるうちに，彼は，やらねばならない課題をやらなくなりました。また，他の子も宿題を出さなくなったり，一緒に立ち歩くようになったりして，所謂，学級崩壊の状態になりました。

このように

> 逸脱傾向の子は，その子自身の特徴的な行動により，ルールを破る，それが見逃される，さらにルールを守らなくなるというような悪循環にはまっ

> てしまって，ルールを守るという体験が不足してしまう

ことになります。また，その子がルールを破って得をする姿から，模倣する子も出て，学級全体のルールが壊れてしまう事態すら起こり得ます。そうすると，他の子どもたちもルールを守って生活をするという経験が不足してしまうのです。

　また，一方で，教師側の要因も指摘できます。これは，指導力のある先生に起こりがちなことです。指導力のある先生は，その人の存在そのものがルールとなりがちです。すると，子どもたちはルールを守っているのではなく，その人の言うことを聞いている状態になりがちになります。

> 指導力があるが故に，意図せず，ルールを守ることの意味を学ぶ機会を奪ってしまっている

のです。

　その子どもたちは，ルールを守っているわけではないので，他の教師の言うことを聞かなかったり，学級が変わるとそれまでとは全く違う行動をとるようなことが起こります。担任が替わってすぐに落ち着かなくなるような学級はこうした状態に陥っていると考えられます。

　しかし，言うことを聞かせる力をもっていることは何ら悪いことではなく，指導者としては望ましいことかもしれません。ただ，そうした先生が気を付けなくてはならないことは，

> 言うことを聞かせられるからこそ，ルールを守ることの意味を学ばせること

なのです。

　ずっとその子たちと一緒に居られるわけではないのです。自分の目の前でいい子にしている子どもたちを見ていることは，気持ちのいいことですが，自分の前だけのいい子にしてしまっているとしたら，プロフェッショナルとしては，

いかがなものでしょうか。

5 学級に身に付けさせたいルール

　では，学級に必要なルールとはどんなものでしょうか。ルールの在り方は，その学級の姿と言えます。みなさんの学級にはどんなルールがありますか。子どもたちにルールとして伝えているものを書き出してみることをお薦めします。
　必要なルールは次の３種類が挙げられます。「」内に示すものは，サンプルです。それぞれがクラスに必ず必要だというものではありません。今，学級にあるルールを下記の観点で分類してみてください。すると，あなたが理想とする学級の具体像が見えることでしょう。

(1) 禁止ルール

　例を挙げます。
　「人を責めない・罰を与えない」「人の話に割り込まない」「決めつけた言い方をしない」「学習に関係ない物を持ってこない」「いじめ，差別をしない」「人にされて嫌なことはしない」などの，ある行為を禁止するルールです。これらが多いことは望ましいことではないかもしれません。また，ルールとしてポジティブな表現にした方がいいものもあるでしょう。しかし，どうしても設定しなくてはならないものもあると思います。

(2) 促進ルール

　「発言（物事）は順番にする」「人の話を最後まで聞く」「人の話は肯定的に聞く」「相手の気持ちを考えて意見を言う」「人や物事のよいところを見る」「困っている人がいたら積極的に助ける」などの，ある行為を促すルールです。ルールというと何かを禁止するようなイメージがあるかもしれません。禁止ルールは望ましくない姿にストップをかける機能ですが，促進ルールは，望ましい姿を育てる機能があります。

(3) メタルール

　そのルールが破られた時に次のルールを発動するルールです。例えば、「学習に関係のない物を持ってこない」というルールが破られた時には、「先生が放課後まで預かる」というルールを決めておきます。

　こうしたことを決めておかないと、いざそれを実行した時に、「先生が、子どもの私物を取り上げた」などとクレームをつける保護者や子どもたちが出てきてしまう可能性があります。メタルールを決めておくと、ルールの安定性が高まります。

　中学校の生徒指導困難校などでは、「変形服を着てきた場合は、正規の服装に着替えないと校舎内には入れない。着替えない場合は、帰宅させる」というようなルールを決めておかないと、校則の実効力がなくなってしまいます。もちろんこうしたルールには、地域や保護者の理解が必要なことは言うまでもありません。ルールは、教師が一度子どもたちに伝えたからと言って守られるものだと考えない方がいいです。ルールの定着には時間がかかります。

6 ルール指導の実際

　注意したり、叱ったりして守るならそれも有効な指導法だと言えます。しかし、そうした指導法が通用しない場合は、あの手この手でルールの徹底を図るといいでしょう。

(1) ルールを「見える化」する

　言葉で伝えるだけだと忘れてしまいます。大事なルールは、書いて掲示するなどして、「見える化」します。また、いつも掲示しておくと、子どもたちの関心も薄れてしまうことがあります。スケッチブックに書いたり、巻物などにして、必要に応じて提示するなどの方法も効果的です。私はペア学習やグループ学習をする時になると、スケッチブックに書いたルールを見せて、声に出させて読ませてから、活動に入りました。

⑵　暗黙のルールをできるだけ少なくする

　逸脱傾向のある子どもたちの中には，暗黙のルールの理解が苦手な子がいます。「授業中は席を立たない」「友達を叩かない」「トイレは先生に断ってから行く」などのことは，ほとんどの子にとっては，わかりきったことでルールとして伝えることは必要のないことですが，伝える必要のある子もいます。「そんなことは当たり前」と決めつけずに，叱る前にルールとして伝えておくということが必要です。子どもたちの逸脱行動には，それがいけないと本当にわかっていない場合があると思っていた方がいいです。

⑶　達成状況をふり返る

　ルール指導で意外と疎かになっているのがこれです。ルールは決めっぱなしにしておくと，形骸化してしまいます。ですから，ルールを提示したら，定着するまでは，できているかどうかふり返らせるといいでしょう。
　「この前，○○というルールを言いましたが，守られているでしょうか。守っている人はどれくらいいますか」
などと，自分自身の行動を評価させます。また，ルールが守られていない場合は，どうするか決めます。

> ①今のルールをもうしばらく続けて様子を見る。
> ②今のルールが守られるように一部ルールを修正する。
> ③新しいルールを決める。

などの対応が考えられます。

⑷　強化する

　さらに疎かになっているのがこれです。ルールを破った子には指導をしても，守った子をほめていないことがあります。ルールを守る体験が不足している子どもたちには，ルールを守ったことが喜びとなるような体験が必要です。そして，そのルールが守られるとどのようないいことがあるのかなどの意味付けも

時々しておきます。ルールは、生活を縛るためのものではなく、みんなが笑顔で生活するために必要なことであることを伝え続けます。

(5) ルールを守った状態を体験する

　ルールを伝えたら、「いいね、わかったね」で終わらせるのではなく、できるものに関しては、そのルールを守ったらどのようになるかを体験させます。例えば、「朝の読書の時間は、しゃべらないで読書をする」ということをルールとして伝えたら、「では、どういう状態になるかやってみましょう」と言って、体験させます。そして、ルールを守った状態のイメージをもたせるのです。また、それがよいものだと体験もできるので、ルールが守られる可能性がグンと高まります。

(6) 子どもたちがルールを決める

　もっとも子どもたちがルールを守る可能性が高まるのが、みんなでルールを決めることです。ルールを破りがちな子どもたちも、納得の上で決めたルールは守ります。ルールが守られない一つの要因として、「押しつけ」になっている場合があるからです。子どもたちの生活上の困り感を課題として設定して、ルールを考えさせます。そして、民主的な手続きによって決定すると、子どもたちは納得します。

　例えば、次のようにします。

---

①**問題状況を指摘する。**
　「今日は、朝の読書中におしゃべりする人たちがいたようですね」
　特定の誰かを責めるのではなく、状況を指摘します。
②**ルールの必要感を高める。**
　「このまま朝読書ができないと、どういうことが起こるでしょうか」
　現在の状況が続いた結果を予測することで、ルールをつくった方がいいことに気付かせます。

③ルールをつくることに同意を求める。
「朝読書ができるようになるためのルールを決めたいと思いますが，賛成してくれる人はどれくらいますか」
教師のためのルールではなく，子どもたちの生活がよりよくなるためのルールであることを確認します。
④課題を提示し，解決策リストをつくる。
「みんなが朝読書をできるようにするためにはどうしたらいいですか」
思いついたことを挙げて，課題の解決策の選択肢をリストアップさせます。
⑤もっとも実効性の高いルールを検討する。
「どれをやったら成功しそうですか」
時間があれば，反対意見や賛成意見を集めます。この時に，それをやったらどうなるかを予想させます。すると，実効性の高い解決策が見えてきます。
⑥ルールの決定
全員一致でなくてもいいのです。過半数を超える支持を得たものをルールとします。

ここに上記の「守った状態の体験」「ルールの見える化」「ふり返り」「強化」を組み合わせると，さらに効果的です。
また，自分たちで決めたルールで生活改善をする喜びを知った子どもたちは，自分たちの手で生活をよくしようと動き出します。すると，教師があれこれ注意やお説教をしなくても，まとまりのある学級生活が営まれるようになります。民主的な手続きによるルール設定の仕方についてさらに知りたい方は，参考文献を挙げておくのでご覧ください[2]。

（赤坂 真二）

【参考文献】
(1) 河村茂雄『学級集団づくりのゼロ段階』図書文化，2012
(2) 赤坂真二『クラス会議入門』明治図書，2015
　　赤坂真二編著『いま「クラス会議」がすごい！』学陽書房，2014
　　赤坂真二『赤坂版「クラス会議」完全マニュアル』ほんの森出版，2014

第2章

集団をつくるルールと指導
失敗しない定着のための心得

集団をつくるルールと指導
実践編

1 「話の聞き方のルール」で安定したクラスづくり

1 最も大切な「話の聞き方のルール」

(1) 学級づくりで一番大切なルールは,「話の聞き方のルール」

「授業中,教師が大切な話をしている時ざわざわしていたり,うつむき手いたずらしていたりする」「クラスの友達が発言している時,その発言に対して『はぁ〜？』と否定的な暴言がされる」そんなクラスを思い浮かべただけで,胸がドキドキしてしまいます。

「学級崩壊」という言葉が取り上げられるようになり,随分経ちました。多くの先生方は４月に新しいクラスの担任になる時,「学級崩壊したらどうしよう？」という気持ちが生まれるのではないでしょうか。

学級づくりをする上で,「最も重要視しているルールがありますか？」と尋ねられたら,私は迷わず「話の聞き方のルール」を挙げます。教師や友達の話を真剣に聞き,その話から自分の考えを深めることができるクラスは,「学級崩壊」しません。

つまり,「話の聞き方」さえ子どもたちがしっかりとできれば,たとえ学級で様々なトラブルが起きようとも,それを乗り越え,成長していくクラスづくりができると言えます。

> 「話の聞き方」の指導がしっかりとできれば,安定したクラスづくりができる。

(2) 「相手を見て,うなずいて聞く」

「話の聞き方のルール」と言っても,様々なものがあります。それらの中で

無駄なものを省き端的に示すとすれば,「話す相手を見て,うなずいて聞く」です。

> **話す相手を見て,うなずいて聞く。**

「○○しながら,話を聞く」というのは,実は高度な技術です。

例えば「メモをしながら話を聞く」という場面があるとします。

これにはまず,「話を正確に聞き取る」という力と,「聞いた話を紙に書く」という力が必要です。その二つの力を使って,片一方の頭で,継続的に話の内容をまとめながら正確に聞き取り,片一方の頭で聞いた話を文章にしながら紙に書いていきます。

もちろんそういった能力に長けている子どもにとっては,自然にできることですが,苦手な子どもにとっては,とても大変な作業です。また,得意な子どもも,いつでも,どこでもできるかと言えばそうではありません。

小学校段階で着実に「話を聞く力」を育てたいのならば,まず「話を聞く」時には,全員が手を止めて,「相手を見る」ということをルールとして設定します。

> **着実に「話を聞く力」を育てるために,「相手を見る」というルールを設定する。**

また,「うなずいて聞く」ことで,話し手は格段に話しやすくなります。話しやすくなることで,話の内容は聞き手にとってわかりやすい内容になることが多いです。つまり,「うなずいて聞く」という行為は,話し手がわかりやすい話をする環境を整えることで,結果,聞き手にとってメリットがあるということになります。

> **「うなずいて聞く」ことは,聞き手にとってメリットになる。**

この「相手を見て,うなずいて聞く」というルールは,あえて提示しなくても,自然と成立しているクラスもあります。そういったクラスは,教師の指導

により，暗黙のルールとして存在しているのでしょう。

※「相手を見て，うなずいて聞く」ことを丁寧に指導したい場合，赤坂真二著『赤坂版「クラス会議」完全マニュアル　人とつながって生きる子どもを育てる』（ほんの森出版）の中にある「効果的な聞き方・話し方」を参考にされるとよい。

2 「話を聞く力」を育てるために教師がすべき四つのこと

教師が「相手を見てうなずいて聞くことを大事にしましょう」と子どもたちに呼びかけると同時に，教師が率先して以下のことを行います。

---
(1) 子どもが「聞く」姿勢になってから話を始める
(2) 教師が無駄な話をしない
(3) 子どもの発言を最後まで聞く
(4) 話を聞く必然性をもたせる

---

(1) 子どもが「聞く姿勢」になってから話を始める

　教師が伝えたい内容がある時，聞く準備が整っていないままに，一方的に話をしている時があります。「話の聞き方のルール」として子どもたちに守らせる以上，子どもたちが聞く姿勢を整えることができるように，一定の時間，待つことが必要です。時間にして3秒～5秒といったところでしょう。

(2) 教師が無駄な話をしない

　退屈な話は，始め一生懸命聞いていたとしても，だんだんと視線が下がっていくものです。教師が話をする時は常に，要点を絞ってテンポよく話をすることを心掛けます。

⑶　子どもの発言を最後まで聞く

　子どもが発言をした時，教師は最後まで話を聞きます。子どもの発言を遮り教師がコメントしてしまうと，それを見ていた多くの聞き手である子どももまた，最後までじっくり話を聞かなくなります。

⑷　話を聞く必然性をもたせる

　「一度しか言いません。しっかりと聞きましょう」と教師が子どもたちに投げかけ説明したとします。その後，説明した内容の質問が子どもから出た時，それに対して親切に答えてしまうことはありませんか？　それでは最初に言った「一度しか言いません」という宣言が守られていないことになります。

　「友達の話をしっかりと聞いて考えましょう」と子どもたちに投げかけた時，友達の話を聞くことで何かメリットになることがなければ，それは表面上のルールとなります。

　子どもに「話を聞く力」をしっかりと付けたいのならば，話を聞く力を付ける環境を教師が率先して整える必要があります。

※「聞く力を育てる」ことに関しては，多賀一郎著『全員を聞く子どもにする教室の作り方』（黎明書房）から多くのことを学び，私なりに解釈し，実践している。是非，ご一読いただければと思う。

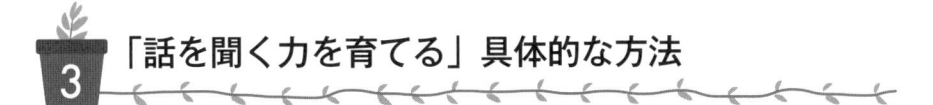

3　「話を聞く力を育てる」具体的な方法

　では日常の授業ではどのようにして「話の聞き方のルール」を定着させていくのでしょうか。具体的に見ていきましょう。

⑴　話をする際の合図を決める

　教師が話をする時に，「話し始めの言葉」を毎回同じにします。

低学年の場合
　👤 教　師：「話をしてもいいですか？」
　👤 子ども：（姿勢を正しながら）「いいです‼」

高学年の場合
　👤 教　師：「それでは，話をします。聞いてください」
　　（子どもたちの視線が集まる）

　子どもたちに話をする前に，決まった言葉を言うことで子どもたちが聞く姿勢を整えるようにします。
　低学年の場合は，子どもたち自身に返事をさせることで，話を聞くことを意識できるようにします。また教師の投げかけに対して反応できない子どもも，周りの子どもたちが返事をすることにより，話を聞く意識をもつことができます。
　どちらの投げかけに対しても，素早く顔を上げて話を聞く姿勢を整えた子どもに対して，「すぐに聞く姿勢にしてくれてありがとう」「よい姿勢で話を聞こうとしていて，やる気が伝わってきますね」と評価していきます。

話を聞く姿勢を素早く整えられた子どもに感謝を伝え，評価する。

　また，この言葉が定着してきたら，子どもたちがクラスの友達に話をする際，この型を使うよう促していきます。習慣化した言葉になっていると，教師が話す時と同じように，集中した雰囲気が生まれます。

　　私は〇〇だと思います。
　　どうしてかというと…

(2)　発言は理由まででワンセット
　根拠をもって子どもたちが発言できるように，話型を整え提示し，誰もが使いこなせるようにします。

〈発言の話型〉
「私は○○だと思います。どうしてかと言うと…からです」

　この話型は，1年生の初期の段階で，国語で指導するものです。ですから1年生から指導が可能です。日常の中で，たえず根拠をもって話をする雰囲気づくりをするとよいでしょう。
　時折，子どもがこの話型を忘れてしまう場合があります。

　子ども：「私は，AはBだと思います」
　教　師：（黙って子どもを見つめる）
　子ども：（自分で気が付いて）「どうしてかと言うと，…からです」

　そう言った時は黙って子どもの発言を見守ります。繰り返し，子どもたちが理由を述べるよう声かけしていると，声かけなしでも自ら気付くことができるようになります。
　それでも自分で気付けない場合は，「どうしてかと言うと？」と子どもが言うべきセリフを教師が代弁し，子どもの発言を促すとよいでしょう。
　教師は「授業を進めたい」と思えば思うほど，「言ってほしい答えのみ」に注目してしまい，子どもが理由を述べるまで待つことができません。普段，「理由が大切」と伝えるのならば，やはり，子どもがじっくりと考え，話を始めるまで「待つ」ことが大切になります。
　教師のそういった姿勢で，子どもたちの「話を聞く意欲」が育つのです。

(3) 「話を聞かないと学習が成立しない」状況を意図的につくる
　基本的に，授業というものは話をしっかりと聞いていないと成立しないもの

がほとんどです。にもかかわらず，話を聞いているか，いないかということはあまりチェックされません。

「話を聞かないと学習が成立しない」状況を意図的につくることを通して，「話を聞く力」を育てていきます。

① 他の子どもの意見に対し「同じか」「異なるか」尋ね，その根拠を発表させる

ある理科の授業の一コマを例にします。

教　　師：「種子の発芽には何が必要だと思いますか？　予想して発表しましょう」

子ども A：「私は，種子の発芽には水が必要だと思います。どうしてかと言うと，今まで植物を育ててきた時，種子を植えたら必ず水をあげていたからです」

教　　師：「なるほど，Aさんはそう思うのですね。みなさんに質問します。Aさんと同じ考えの人はいますか？」

子どもたち：（手を挙げる）

教　　師：「違う考えの人はいますか？」

子どもたち：（手を挙げる）

直前の友達の考えを聞いていないと，手を挙げることができません。

しかし，この時点で手を挙げられないとすれば，

(ア) 話を全く聞いていない
(イ) 話を聞く意思はあったが，聞こえない
(ウ) 話を聞いていたが，理解できない
(エ) 話を聞き内容も理解しているが，自分の考えと比べられない

という大きく分けて四つの理由が考えられます。

まずは，(ア)の状態の子どもがいないようにしていきます。

「しっかりと話を聞いていたようですね」「いつも話す人を見て，うなずいて聞いていていいですね」と，しっかりと手を挙げている子どもを評価していきます。

　また，事前に「この後，自分の考えと比べるので，友達の発言をしっかりと聞いておきましょう」と投げかけておくことでさらに子どもたちの聞く意欲は格段によくなります。

② 複数の友達の意見から，「誰と同じか」考えさせる

先ほどと同じ流れで違う方法を紹介します。

教　　　師：「種子の発芽には何が必要だと思いますか？　予想して発表しましょう」
子どもたち：（何人か発言する）
子 ど も A：「私は，種子の発芽には水が必要だと思います。どうしてかと言うと，今まで植物を育ててきた時，種子を植えたら必ず水をあげていたからです」
教　　　師：「Aさんの考えは，誰と同じ（似ている）考えでしょうか？　言える人はいますか？」

　子どもたちがいくつか発言した後，ある子どもの意見を取り上げ，それが誰と同じ（似ている）考えか，問いかけます。

　活動をした後の感想や理科の予想を発表する際，どうしても話を聞く意欲がなくなります。

　しかし，そんな時でも話をしっかりと聞き，自分の考えを深めてほしいものです。そのために，「しっかりと友達の意見を聞いているということは，友達を大切にしているということですね」と，友達の話を聞き洩らさないという行為の価値を伝え，評価します。

第2章　集団をつくるルールと指導　失敗しない定着のための心得　29

③ 友達の説明をもう一度，説明する場を設ける

　友達の発言内容を，自分や他の友達のものと比べることができるようになったら少し，レベルを上げます。

> 教　　　師：「種子の発芽には何が必要だと思いますか？　予想して発表しましょう」
>
> 子ども A：「私は，種子の発芽には水が必要だと思います。どうしてかと言うと，今まで植物を育ててきたとき，種子を植えたら必ず水をあげていたからです」
>
> 教　　　師：「なるほど，Aさんはそう思うのですね。Aさんはなぜ種子の発芽に水が必要だと思ったのでしょうか？言える人はいますか？」

　直前の子どもの発言をもう一度，全体に問い直します。

　教師が全体に問いかけた時，本来，全員が手を挙げて答えられることが当然のように思いがちですが，そう問い直すと，半分くらいの子どもしか手が挙げられないことがほとんどです。

　これは先ほどの(ア)〜(エ)に加え，

(オ)　話を聞き内容も理解しているが，うまく自分の言葉にできない

という理由が考えられます。そういった理由も考慮に入れながら，「話を聞く力」を育てていきます。

　①〜③と「話を聞く力」を段階的に育てていくことで，子どもたちは「もっと話をしっかりと聞こう」と意欲をもつようになります。そうなるためには，自分の「話を聞く力」について成長した実感をもてるよう，子どもたちに声かけを行い，評価をしていくことが大切です。

4 「役に立つ」と実感できるルール

　さて，日常の授業の中で，「相手を見て，うなずいて聞く」というルールを通して，「話を聞く力」を育てる方法について，ご紹介させていただきました。そこで培った力は，どんな時に発揮されるのでしょうか。

　ある時，中休みに私に相談に来た子どもがいました。

　話を聞くと，最近，掃除の時間に，真面目に取り組んでいない人が多くて，どうにかした方がいいという内容でした。私は，時間を設定するので，みんなの前に出て話をするように提案すると，「本人はそうしてみます」と応えました。

　休み時間が終わり，授業が始まる時間になりました。私は「＊＊さんがみんなに話があるそうです。聞いてあげてください」と話をし，＊＊さんに前に来るように，ジェスチャーをしました。

　＊＊さんは，少し緊張した様子で，「最近，掃除の時間に，真面目に取り組んでいない人が多くて，よくないと思っています」とクラスに伝えました。

　いつも真面目にひたむきに掃除に取り組んでいる＊＊さんが，緊張した表情でクラスの前に立ち，自分の考えを伝える様子に，クラスの子どもたちは，その思いを肌で感じられたようです。

　日常の授業で，「相手の顔を見て，うなずいて聞く」ことを大切にして過ごすことで，このような場面で，「話を聞く力」が発揮されます。

> 子どもたちが自分たちの問題を，クラスの友達に投げかける場面で，それまで育ててきた「話を聞く力」は発揮される。

　もし普段から，「相手の顔を見て，うなずいて聞く」ことを大切に過ごして

いなければ，このような場面でも，手いたずらをしたり，呼びかけに対して関心をもたなかったりしたと思います。

　クラスの子どもたちが，＊＊さんの思いを共有していたので，「勇気をふり絞ってみんなに話をした＊＊さんの気持ちを，みんなしっかり受け止めていますね。では自分たちでどうしたらいいか，解決策を考えてみてはどうですか？」と子どもたちに投げかけてみました。すると，子どもたちは大きくうなずきます。

　「先生，いつも話し合っているように円になって話し合っていいですか？」と子どもたちが尋ねてきたので，私は「任せますよ」と伝えました。

　子どもたちはそこから俄然やる気になり，「掃除中，関係のない話をしない」という自分たちのルールをつくりました。

　このルールは普段，私が子どもたちに伝えていたものでした。しかし，それはただ教師から子どもたちに与えられた一方的なルールでしかありませんでした。子どもたちの中に必要感も納得感もなかったのです。

　しかし，このように自分たちで意見を出し，自分たちで決めることで，「掃除中，関係のない話をしない」というルールは，子どもたち自身のルールになりました。これ以降，掃除中に多少，真面目にやらないことはあっても，自分たちで声をかけあい，しっかりと取り組む姿が見られるようになりました。

　私は，話し合いが終わると子どもたちに以下のように話をしました。

> 「今回，自分たちで話し合って，自分たちでルールを決められたことはとてもすごいことだと思います。この話し合いが始まったのは，勇気を出してみんなの前で自分の考えを言った＊＊さんがいたからだと思います。そして何より，そんな＊＊さんの話をしっかりと顔を上げて，うなずいて聞いたみんなの力でもあります。普段，みんなが『話を聞くこと』を大切にしているからこそ，力を合わせることができたのだと思います」

　子どもたちはこの話し合いを通して，二つのルールを自分たちのものにしたと感じています。一つは，先ほども述べたように「掃除の時間，関係のない話

はしない」というルールです。

そしてもう一つは「相手の顔を見て，うなずいて聞く」という「話を聞くルール」です。「話を聞くルール」もまた，教師から与えたルールです。子どもたちは日常の授業を通して，その「必要感」は感じていたと思います。

しかし，普段，日常でやっているそういったルールが，「こういう時に役に立つんだ」という実感まではなかったと思います。

> クラスにあるルールは，「こういう時に役に立つ」と実感できるようにする。

教室内のルールが，その場に合わせたルール，その教室だけのローカルルールになっていないか，時折チェックしてみるとよいでしょう。

先に挙げた，「話をする前に合図を決める」というのは，その教師だけのルールです。力が育ってきたと感じたら，その合図を止め，「話を聞ける子ども」を育てていく必要があります。そのようにして「いつでも」「どこでも」「誰の話でも」聞ける力が付いた時，子どもたちの「聞く力」は付いたと言えるのでしょう。

「話を聞く時のルール」は，とても基本的な当たり前のルールかもしれません。しかしその当たり前を日常の中で大切にしようとすると，様々なところで教師の努力が必要になります。しかし，その教師の努力が無意識に当たり前にできるようになった時，子どもたちもまた「当たり前にできる」ようになるのではないでしょうか。

（松下　崇）

【参考文献】
(1) 多賀一郎著『全員を聞く子どもにする教室の作り方』黎明書房，2012年5月
(2) 赤坂真二著『赤坂版「クラス会議」完全マニュアル　人とつながって生きる子どもを育てる』ほんの森出版，2014年1月

2 ルールのフィットはアンダースタンド＆エンジョイ・トゥギャザー！
〜ルール定着の三つのポイント！〜

私は児童が守るべきルールには、おもに3種類あると思います。

> 1．守らないと物事が進まないもの：学校の開始時刻。休み時間。下校時刻。
> 2．守らないと安全が脅かされるもの：窓の外に身を乗り出さない。
> 3．守らないとみんなが気持ちよく過ごせないもの：場所を譲り合って休み時間に使う。

この三つのルールが守られることにより、あたたかな雰囲気が生まれ、子どもたちにとって適切な学びの場が生まれると考えます。では子どもからこんな質問が出た時みなさんはどう答えますか。

> なぜ列に並んだら静かにするの。
> なぜ給食の準備の時は静かにしなければいけないの。

上記の三つに照らし合わせて「守らないと進まないよ」とか、「守らないと気持ちよくないでしょ」とか。このまま子どもに伝えて本当に子どもたちは納得するのでしょうか。私が子どもなら、なんかモヤモヤ…と思ってしまいます。まずは守るべきルールの基盤となる教師の哲学を伝えることから始めるべきだと考えます。伝える順番は

> ルールの基盤となるべき教師の哲学→守るべき理由→具体的ルール

という順番です。例えば教師の哲学を「他者への貢献」を基盤にし、哲学→理由→ルールとすると

> なぜ列に並んだら静かにするの。（質問）
> →待ってくれている友人への思いはどこにありますか。（他者への貢献）

→守らないと行事が進行できないよ。(理由)
→静かに並びましょう。(ルール)

なぜ給食の準備の時は静かにしなければいけないの。(質問)
→準備してくれている給食当番への協力はどこにありますか。(他者への貢献)
→守らないと給食の準備が滞って遅くなるよ。(理由)
→準備を静かに素早くしましょう。(ルール)

　こんなふうに答えることができませんか。子どもたちも学校は自分一人で成り立っているとは考えていません。しかし，なかなかそういうことを意識すること，自覚する機会が少ないことも事実です。なぜならこれまで学校生活の中ではルールが与えられ，それを守らされることに慣れてしまっているからです。ルールの根底には，教師の思いが隠れているということを伝えるのは大事なことだと思います。またこうしたルールの定着には子どもの納得が必要と考えます。

　では納得したとして，ルールはすぐに定着するのでしょうか。それは難しいでしょう。私は体験すること，他者への貢献を実感することを繰り返すことにより身に付くのではないかと考えます。そして繰り返すためには楽しく取り組めて，子どもの主体性を刺激する必要があると考えます。それでは実際の提案です。

1　履物をそろえることにより他者への貢献を感じ，ルールの定着を学んでいく

という活動です。
　履物を並べることだけならいくつかの方法があるように思います。
　例えば

(1) 1回1回指示をする

「靴をそろえなさい」「スリッパをそろえなさい」

ひたすら声をかけます。毎回休み時間に声をかけましょう。

しかし現実は口酸っぱく言ってもなかなか児童には定着しません。またそろえているか監視のため，ずっとトイレに張り付く，玄関に張り付く。これも現実的には不可能でしょう。子どもの主体性もありません。教師の哲学も伝わらないでしょう。

(2) スリッパの置き場所に足型を書く

この方法も見られます。しかしながらトイレに行こうとすると（私は担任教室から職員トイレがとても遠くて，よく児童用トイレを使用していました）悲しいかな足元には足型だけ…。はるか遠くの窓際にスリッパが跳んでいっているなんてこともありました。なかなかの跳躍力です。

やや主体的でしょうか。でも教師の哲学は伝わりそうにありません。

これらの方法は，本当にどこでも見られる光景です。しかしこれらの指導では，対症療法的になり，問題の根本に光を当てていないのではないでしょうか。根本は，なぜスリッパが跳んでいくのか。

・トイレのスリッパを他の人が履く，ということを考えることがない。
・そろえても，他者への貢献を感じる場面がない。
・教師の哲学を感じる場面がない。

ということになるのではないでしょうか。それでは根本療法に当たるものというのはどのようなものでしょうか。それはスリッパを並べることにも教師の哲学を埋め込み，子どもが納得すること。また実施するうちに体験しつつ，納得を進めていくことができることではないでしょうか。

特に高学年なら，初めから哲学に納得することもできるかもしれませんが，低学年は体験の中で納得していくという活動の方が，しっくりくるかもしれません。では以下のような実践はどうでしょうか。

(3) トイレには神様がいるよ

一時期こんな歌がはやりました。トイレを掃除すれば神様がいて，幸せになれるというような歌詞でしょうか。全校集会で，この話をされた先生がいらっしゃいました。この話には低学年がひきつけられて，数日はきれいにそろえられました。流行の力は，すごいと思いました。子どもの中には
「うちのトイレにも神様いるかな」
などという話をする子も現れ，ほほえましい日常でした。しかしながら流行とは残酷です。この歌の流行が去っていくのに合わせて，トイレの神様の話は聞かなくなり，スリッパもまた元の跳躍力を取り戻していきました。神様あなたはいずこへ…。子どもの主体性，トイレをきれいにすれば幸せになれるという教師の哲学は，流行の続いているうち，子どもの中にあると思います。だんだん，流行が去ると，薄れていったように思います。

ここまで読み進んでいただいて，ありがとうございます。ところで，あれっと思うそこの方はもしかして新潟県の方でしょうか？ 何があれかって。私はこの文章を執筆している時，他県から新潟県に来ています。新潟県と私の地元の学校の違いを知り，衝撃を受けました。この話に関係があります。ここまでの流れからおわかりのように，私の地元ではなんと<u>学校のトイレにトイレ用スリッパが置いてある</u>のです。トイレに行く時は，スリッパをトイレの前で履きかえて，トイレに行っていました。しかしながら，新潟では上履きのままトイレへ。衝撃のあまり初日は絶句しました。他にも細かな違いはいくつかあります。教務室？ 職員室？ 名簿順？ 君？ さん？ など。

話を元に戻します。ここからの話はトイレ以外の下駄箱やおうちの玄関でも

使える話ですので是非もう少しおつきあいください。
　さて既出の三つで，子どもがどうすれば主体的に楽しみながらスリッパを並べ，教師の哲学が伝わるのでしょうか。

①1回1回指示をする
②足型を書く
③トイレに神様はいる

　①②は難しいでしょう。③は期間は短かったですが主体性に関して実効性があったように感じます。教師の哲学を伝える場面は，初めの1回でした（子どもの意欲がしばらく継続したのは，全校集会で担当した先生が，とても面白くスライドを作って哲学を伝えたことが関係すると思います）。担任の先生が，毎日繰り返し言い続ければ継続性は違うかもしれません。ではなぜ主体性に関しても，実際の活動に際しても③で一番成果が上がったのでしょうか。私は

子どもたちの興味関心をひくことにより主体性が発揮された

と考えます。ルールを守るのに，興味なく形だけ守らされるのは，誰しもいい気がしないように感じます。例えば

1．トイレのスリッパを並べなさい。（教師が指示→子どもが実施）
2．トイレのスリッパを並べると幸せになるよ。（子どもが興味をもち自分の意志で実施）

　どちらの方が守られやすいでしょうか。私なら2のように感じます。ということは，トイレのスリッパを児童が並べるのに，興味関心をもって主体的に，教師の哲学を感じながら実施できればいいわけです。つまりトイレの神様のことを子どもに言い続ける。はい解決！　…すいません。これで終わっては，みなさんの履物が私の方に跳んできそうです。
　そこで私は，子どもの主体性を継続的に引き出しながら，スリッパをそろえさせるのはどうしたらいいか考えました。トイレの神様を言い続けるのと違う

方法で。なおかつ教師の哲学を実践で感じられるように。初めに哲学を伝えると短期間継続します。しかし，長く子どもが活動を継続するには，教師が哲学を伝え続ける，もしくは子どもが感じ続ける必要があると思います。

　そこで子どもたちと，休み時間に遊んでいた時のことをふと思い出しました。子どもたちは，おにごっこが好きで，おにごっこ，氷おに，増えおに，けいどろ（新潟ではどろけいと言ってました）などをしてよく遊んでいました。しかし毎日おにごっこをしていると，さすがに飽きてくるようです。そこで一人の児童が，こんなことを言いました。

> 「ミッションやろうぜ」

　私には意味がわかりませんでした。「ミッションやる？」「作戦やる？」「トム・クルーズのまね？」様々なことが頭をよぎりました。詳しく聞いていくと，どうやらおにごっこに一定の，<u>やらねばならないことを逃げ手に課す</u>というものでした。例えば，逃げている途中に滑り台の頂上を必ず1回叩く。など，全員が必ず1回〇〇するというものが多かったです。このミッションを課すと，おにごっこの逃げ手もただ逃げるだけでなく，ミッションをクリアしなければならないという，もう一つのハードルが増え，とても盛り上がりました。これは，子どもの主体性を引き出すことに使えるのではないか，そう考えました。

　ここでは教師の哲学を仮に「他者への貢献」として，哲学を継続的に感じることができること，楽しみながら主体的に子どもが活動することができることの二点を意識した活動を以下のように提案したいと思います。帰りの会等の時間に，お寺の玄関などに掲示されていることもある以下の詩をまず子どもたちに提示します。

> 　はきものを　そろえると　心もそろう
> 　心がそろうと　はきものもそろう
> 　ぬぐときに　そろえておくと
> 　はくときに　心がみだれない

> だれかが　みだしておいたら
> だまって　そろえておいてあげよう
> そうすればきっと
> 世界中の　人の心も　そろうでしょう

　長野県円福寺の住職，藤本幸邦さんの詩です。「脚下照顧（きゃっかしょうこ）」「自分の足元，自分の行いを見よ」ということだそうです。子どもたちもなんとなく知っているように思います。寺の門の前の掲示板？のようなところに掲示されていることもあるようです。

　私の実感として，トイレのスリッパ等が乱れてきている状態が見られ始めると，学級に落ち着きがない状態が始まるように感じられます。気持ちよく過ごせるというルールが崩れてきている状態です。

　この詩を帰りの会では提示して，この詩がもつ意味の話をしておしまいです。なぜなら翌日への前フリだからです。哲学を伝える第1段階です。そこで誰もいない教室の黒板に，朝一番に子どもへのミッションを張り出します。

トイレのスリッパそろえ隊

○年○組のみんな。おはよう。私は△△だ。最近とても気になることがある。3階のトイレを見たまえ。スリッパが散らばっているだろう。さあみんな。みんなを信頼して大きなミッションを与えよう！　詳しくは□□からだ。

さあみんなに与えられるミッションはこれだ！
1週間トイレのスリッパをそろえる
そろえたスリッパを横の表にカウントしていく
1週間でどれくらいそろえられるかな。みんなのためにがんばれ。お前たちならきっとできる。期待しているぞ！

　これを貼り出した当日登校する子どもたちは，何々と黒板に集まり確認していました。担任の私はしれーっと何も知らないふりをして朝の会の時間に教室

に行きました。子どもたちは
　「先生なにこれーっ」と言ってきますが
　「知らないよー。何，ミッションがこのクラスに与えられたのかー」
　これ以上は深く踏み込まず，見守ることにしました。
　すると次の休み時間になると，トイレに行きスリッパを並べて教室に戻り，表をマーカーで塗り始めました。それを見ていた他の子どもも，同じようにトイレに行き，スリッパを並べてマーカーで塗り始めました。1週間後子どもたちと「すごい，1週間でこんなにそろえたんやね」「トイレもきれいになって気持ちいいね」と話をしました。子どもたちも，1週間30人で続けるとこんなに多い数になるんや，と驚いていました。「他者への貢献」につながる場面です。
　これでミッション終わり，子どもたちも，スリッパをそろえ続けました，おしまい。とはもちろんなりません。なぜなら，スリッパを並べることを目指した活動ではないからです。主体的にルールにかかわっていくことを目指した活動だからです。たった1週間では，そこまで意識は根付きません。そこで終了の翌日に合わせて新しいミッションが子どもたちに与えられることになります。子どもたちの興味関心は実に多彩で，活動や意識が根付くまでは地道に刺激を与え続け，達成感を感じる機会を与える必要があると思います。新しいミッションは

トイレのスリッパそろえ隊

○年○組のみんな。うわさは聞いているぞ。1週間でトイレのスリッパを○○○足もそろえたらしいな。驚いたぞ。さすが○年○組だ。君たちならできると思っていたぞ。さてさてそんなみんなにはなしがある。

前回は1週間で○○○足だったな。
今回は**2週間**だ。いったい何足そろえることができるかな。他のクラスも見るかもしれないぞ。前回より日にちが長いぞ。さあ君たちにできるかな。はっはっは！

このような形で，子どもたちに新たなミッションが与えられました。子どもたちは，乗り気になってきてこの2週間も，トイレのスリッパをそろえていきました。この頃には，学級通信でこのスリッパ並べの意義を，保護者に伝え活動の理解に努めました。こうして2週間後，またまた膨大な数のスリッパをそろえた報告が，表によってなされました。ここで「順調でいい感じだな」「次は1か月いこか」私はそう考えて，活動を組んでいきました。結果は，想像のとおり，2週間を過ぎたあたりから活動が停滞してきました。
　真面目な子は続けますが，飽きの来ている子も出てきています。結果1か月は2週間の実施数に少し上ましくらいになってしまいます。しかしここでそのまま続けるも，やめてしまうのもいまいち。そこで新しいミッションを考えました。改善ポイントは三つ。

①活動が学校に限定
②活動がトイレに限定
③活動が個人に限定

①は活動に慣れてきた時でも，学校でしかできないので行動の定着を促したいが，実施数が知れている。土日をはさむと定着率が落ちる。
②はトイレに行く回数の上限がスリッパ並べの上限に限定される。
③は個人の活動で仲間と協力してつくり上げる喜びに欠ける。
　これらを意識して改善していくことにしました。しかし注意点として，一気に変えると混乱が生じ，また定着前に飽きてしまうので，小出しにしていくことを意識しました。また連続で出すのではなく，日付をあけ子どもがミッションないのかな？と思うくらいの時期に次のミッションを出すような小細工も考えました。

トイレのスリッパそろえ隊

○年○組のみんな。1か月の活動も乗り切ったらしいな。驚いたぞ。そんなみんなに今までよりはるかにむつかしいミッションを与えるぞ。それは…

なんと学校のトイレだけでなく、家のスリッパも並べていいぞ。これで大きく数が増えるはずだ。さあできるかな。
お前たちには無理かな。健闘を祈る！

　こうして活動を、学校外にまで広げていきました。保護者より「家でもスリッパを並べてくれます」というお声もいただきました。お家での「他者への貢献」を感じる場面です。また学級通信には、これまで並べてきたスリッパの総数を発表し、意欲をキープしつつ、お家の方にも意識していただけるように工夫しました。さあ次は②の改善です。

すべてのはきものそろえ隊

○年○組のみんな。すごい。ここまでやるなんて、正直思わなかったわ。次のミッションは、おそらく攻略不可能よ。これをできた人たちを見たことはないわ…それは…

なんとトイレだけでなく、はきものすべてだ。トイレのスリッパ。おうちの玄関の靴。学校の下駄箱…まだまだあるな。
さあできるかな。今までの最難関の課題だ。

　子どもは、塾に行った時の他の人の靴、レストランの座敷に上がった後の靴（他人の靴は勘違いされる恐れがあるから気を付けるようにアドバイスをしました）。いろいろな場所の靴をそろえていきました。そして最後の改善。

> **すべてのはきものそろえ隊**
>
> ○年○組のみんな。すごいな…。われらの想像を，はるかに超えてきたな。次のミッションは，一人では達成不可能だぞ。なぜなら，それは…
>
> 隣の表を見たまえ。今回は，グループでミッションを与えるぞ。色を塗るときも，グループで色をそろえて塗るんだ。さあ仲間と協力できるかな？

　このように，グループで協力する体制にしました。これにより，自分のグループの頑張りが色でわかるようになり，「今週どれくらい塗った」などの会話も見られるようになりました。表は，Ａ３縦を使い，塗り終わったら新しい紙を，上に重ね張りしていきました。

　グループにすることにより，子ども同士で，声かけをする場面が見られました。こうして１年間の履物のそろえた総数を見ると，何万足という靴が，そろえられていました。小さな積み重ねが，大きいということを，クラスのみんなと実感しました。

(4) この活動をして感じたこと

　子どもたちに強くルールを強制することで，ルールを守らせることも可能だと思います。しかしそれでルールを守ったところで，そのルールは教師のいないところで，本当に守られるのでしょうか。それは

- 先生が怖いから守る。　・先生にほめられたいから守る。

等という事態になるのではないでしょうか。ルールは守らないといけないもの。強制されるもの。という考え方を転換して，

- 楽しみながら進めるもの。　・やっていくうちに身に付いていくもの。

とすることができれば，子どもも教師も，気持ちが楽になれるのではないでしょうか。自分が子ども時代は先生が怖くてルールを破らないというような考えもありました。しかし，今は社会情勢として，そのことが許容できる範囲が狭くなったように感じます。

　そのような権力的な行為により，子どもが，追従してくれる保証はありません。それならいっそのこと，子どもも教師も楽しんでルールを守り，みんなも気持ちよく過ごせるための活動を仕組んでいこう，と考えたのがこのミッションの始まりでした。この活動中，子どもには

> 履物をそろえる

というミッションが与えられました。私には

> 子どもが知らず知らずのうちにルールを守り他者への貢献を自然と感じる取り組みに熱中していくミッションを考える

というミッションが与えられました。
よかった点
　①履物をそろえるという一点に絞られた活動で子どもが迷いなく取り組めた。
　②表に塗ることで可視化されみんなが意識できた。
　③嫌々でなく子どもが楽しくルールを守る活動ができた。
改善すべき点としては
　①グループ活動が競争のようになってしまった。
　②集団がグループまでになってしまった。
　③教師の哲学を反映させきることができなかった。

改善点すべき点を詳しく書くと
①グループが競争になってしまった
　活動と並行して，協力することの意義を伝えていくことが少なかったように思います。友達と声をかけ合えること，そろえられない時でも友達が頑張って

フォローしてくれていることを伝える必要がありました。
②集団がグループになってしまった
　活動を　個人→グループ　としましたが　個人→グループ→全員（目標設定）等とした方が，より大きな集団に働きかけられたと感じます。
③教師の哲学を反映させきることができなかった
　「他者への貢献」ということを目指して組んでみても，履物を並べるというルールそのものは，少しずつ定着していきますが，他者への貢献は，どこまで伝わったのか，測るすべがありませんでした。外で靴をそろえても，その意図まで確認できませんでした。

　今回は履物並べ活動を通しての集団をつくるルールの定着を述べました。私はこの活動を通して

楽しみながらルールを定着→活動をグループに広げる→集団がつくられる

と考えました。まだまだ改善点の多い活動に感じますが，これから私自身も改善をすすめ，ブラッシュアップしていきます。これを読まれたみなさんも，ぜひ子どもの実態に合わせて，活動をつくり変えてみてください。

（荒巻　保彦）

3 みんながスター
~あたたかいつながりの中で,個性を引き出す学級づくり~

1 目指すは「みんながスター」になれる教室

　私は学級づくりをする時に,いつも「劇場のような学級」をイメージしています。この劇場とは,ヨーロッパの古代遺跡や現代も目にする円形の劇場です。舞台に立つ役者を,観客がぐるりと囲んでいるイメージです。学級は,笑いあり涙あり,日々子どもたちの感動のドラマの連続です。一つ一つのエピソードが心に残る瞬間になります。私は,教室を,このドラマの舞台にしたいと考えながら学級づくりをスタートします。

　学級の中で,子どもが考えや気持ちを伝えようと起立した時は,教室という劇場の舞台に立った時です。学級のみんながじっと見つめて,その子の話に聞き入ります。発言を終えると,教室中に拍手や感嘆の声など,あたたかい同調や賞賛の反応が広がります。まさに,子どもが,発言の瞬間に教室に生まれた一人のスターとなります。私は,教室を誰もがスターになれる劇場のような場所にしたいのです。ここでの担任の役目はというと,誰もが学級のスターとなるように演出する劇場の裏方です。

　このような学級を実現するために,具体的な手立てやルールを,1年間を通して仕組んでいきます。特に,ルールを定着させるために私が意識する場面は,授業です。学校の大部分の時間は,授業だからです。そのため,日々の教科指導の中で,学級のルールを定着させていくことが大切だと考えます。

　私は,学級づくりの骨組みとして,次の二つの場面を意識します。それは,「個をつなぐ」場面と「個が輝く」場面です。

2 つながりの中で，個が輝く

(1) 個をつなぐ～つながることのよさを実感できる教室に～

「個をつなぐ」とは，子どもたちが互いに尊重し合い，友達のよさを知ることで自分の価値観も広がると実感できることです。

私は，学級開きで次のような話をします。「気が合う人，合わない人がいるのは当たり前。これが現実です。『みんな仲良く』よりも，誰とでも協力できる方法を学んでほしい」。もちろん，担任として，全員が仲良くなれる学級を目指します。しかし，全員が仲良くなることが目的ではないと思います。全員で協力し，成し遂げる術を学んで共有し，そのつながるよさを実感した結果として，「みんな仲良く」なっていることが，私の理想です。

学級は，様々な環境で育った子どもが集まっています。そのため，子どもたちが集まる学級は，多様な考えに触れる絶好の場になります。時には自分の考えや常識と全く違う人，苦手と感じる人にも出会います。学級では，様々な人たちと折り合いをつけながら人間関係を築かなければなりません。

また，学級は社会の縮図とも言われます。そう考えると，いつも全員が仲良しでなければならないという考えは不自然でもあります。教師の「みんな仲良し」の枠の中で仲良くなった気分にさせているだけで，仲良くなるための本質を学んでいなければ，枠が外れた時，仲の良い友達としか関係がつくれない子どもに育つのではないでしょうか。それは，自分とは合わない異質なものを排除する姿勢，言い換えれば，いじめにつながる可能性も否定できません。

互いのよさに気付き，認め合いながら，集団としてまとまることが何よりも大切なのです。苦手な人の意外なよさに触れることで，自分の価値観を広げてほしいのです。必要あらば，ここぞとばかりに学級のみんなが個性を出し合って協力し，何かを成し遂げる達成感や気持ちよさを味わえるような場面づくりを，私は担任としていつも目指しています。

(2) 個が輝く～「みんなちがって，もっととんがっていい」～

　「個が輝く」とは，「自分のいいところは，○○だ」「○○であれば，友達を助けられる」というように，自分のよさに気付き，個性として自信につなげるということです。つまり，自己肯定感を高めることです。この自己肯定感を高めることが，子どもの人生の中で，様々な課題にぶつかった時に，自分の「しん」となって働く重要な気持ちだと，私は考えています。

　このような考えを伝える時，私は金子みすゞの有名な詩の中の一文「みんなちがって，みんないい」を思い浮かべます。私のイメージだと「みんなちがって，もっととんがっていい」という感じです。これは人との違いを肯定し，違いを強みにしていくという気持ちを込めています。

　前述の通り，様々な環境の下で育った子どもたちが集まる学級で，異なる文化や背景をもつ者がかかわった時，その違いから新たな気付きやアイデアが生まれます。これは，自分の可能性や価値観を広げるチャンスです。

　そのため，学級集団の中で，個の力をできる限り引き出し，高めたいと私は考えます。子どもの自信を育み，それを自分のよさや個性として自身の力の源にしてほしいのです。これから経験する変化の激しい社会の中で，自分の個性を心のよりどころにしてもらいたいという私の強い願いです。

　以上の二つの大きな柱を実現するために学級づくりを進めます。同時進行ですが，感覚的には，個をつなぐことを優先し，互いに安心できる教室の雰囲気づくりを進めながら，個が輝くように進めています。

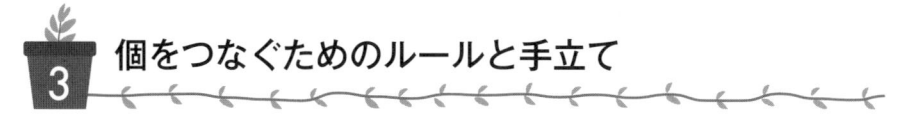

3 個をつなぐためのルールと手立て

(1) よき聞き手を育てる

　聞き上手を育てることが，話し上手を育てると言われます。私は年度始めに，徹底的に話を聞く態度を指導します。聞き手が話し手に目を向け，共感的に聞く姿から認め合う空気をつくりたいからです。

次のようなステップで,私は子どもたちに聞く姿勢を指導していきます。

〈よい聞き手になるための3ステップ〉
　ステップ①　基本姿勢からスタートする。
　ステップ②　相手の目を見て,心で聞く。
　ステップ③　相手に反応する。

①　基本姿勢からスタートする

「足はペッタン,背筋はピン,お腹と背中にグーーっ,おへそを向けて,さあ,聞こう」

　1年生を担任すると,私はこの合言葉で聞く姿勢を指導します。この姿勢は,話し手に対して聞く準備ができているというサインです。この合言葉で,私は,聞く姿勢がそろうまで話をせずにじっと待ちます。次第に合言葉を伝えなくても,前に誰か立つだけで聞く姿勢になるように指導していきます。
　6年生でも,合言葉をつぶやくと,案外喜んで懐かしんでやっていました。しかし,この姿勢でそろう高学年も不自然に感じます。そのため,基本の姿勢として指導しますが,ステップ②③ができていれば,つまり,相手の目を見て,しっかり反応していれば,多少,姿勢が崩れていても許すことを伝えます。相手意識をキープしながら自然な聞き方に近づけていくということです。
　聞く姿勢の定着とともに話を始める合図も決めます。私は「話をします」と声をかけてから,話し始めます。このかけ声を合図に行動をすべて中断して,聞く姿勢になります。話を聞くきっかけがわかると,特別な支援を要する子にとっても,安心できるという別のねらいもあります。
　この基本姿勢は,あくまでも形です。この姿勢ができていれば,話を聞いていることにはなりません。ですが,全員がそろう気持ちよさを聞き手や話し手が味わうことは,しんと静まりかえった空気を経験させる上で重要です。

② 相手の目を見て，心で聞く

　よく耳にすることだと思います。少し抽象的ですが，聞き手に，話し手に対する相手意識を明確に意識させるための大切なステップです。

　まず年度始めに，私は「話している時に，私と目が合わない人は，信用しません」とズバリ伝えます。そして，徹底的に一人一人の目を見ながら話します。自分でやってみると，案外ぼんやりと全体を眺めているだけで，よく見えていないことに気付かされます。

　次に，目を合わせながら，時には微笑んだり同意を求めたりしながら話をします。この目が合った時にかわすコミュニケーションも，重要なポイントです。目が合わない子をじっと見つめます。すると，周りの気付いた子が，つんつんとその子を突いて教えてくれます。目を離す暇を与えない工夫も大切です。

　では，心で聞くとは，どのようなことなのでしょう。私は，聞き終えた後に内容と感想が言えるように聞くことを伝えます。例えば，課題の説明を終えた直後に，ざわざわと友達に尋ねる子どもの姿を見て，再び説明し直したり気が抜けたりした経験はありませんか。これは，話の内容を自分のものとして，解釈して聞いていないからです。そのため，内容について「わかる」「わからない」をはっきりさせながら聞くこと，わからないことは，友達もわからない可能性があるから質問することを指導します。

　また，話題の途中では質問を受け付けず，話題の最後に質問の時間をつくることも大切です。そうすることで，話の腰を折って友達の思考を止めることを防ぎ，質問の時間が確保されていることで，内容に集中して聞けるようにします。

③ 相手に反応する

　反応するとは，話し手に対して自分の気持ちを返すということです。例えば，うなずく，質問する，「へえ」など感嘆の声をもらす，拍手をする，などです。私は，この反応することを何よりも重要として，子どもたちにしつこく求めていきます。なぜ，反応することが大切かというと，教室のスターを一人きりに

しないためです。自分の意見を述べたにもかかわらず、友達が無反応であれば、その子の気持ちはくじけてしまいます。つまり、反応するとは、友達とつながろうとしている姿なのです。

　成功するポイントは、「人任せにさせない」です。誰かが返事してくれる、誰かが手を挙げてくれる、誰かが意見を言ってくれる、という態度や雰囲気に対して、私は「今、人任せにしているよ」と伝えます。

　私は、反応することのよさを実際の生活場面の中で伝えていくことが大切だと考えます。日常の生活場面から切り離した指導は、実感が伴わず応用できないからです。次に、具体的な指導の様子をいくつか紹介します。

☆よい手本をつくる

　反応している子を見つけて、とことん賞賛します。その子の姿を手本として、学級に反応の態度を定着させるためです。

　例えば、子どもに話をしている中で、うなずいたり「へえ」なんて声をもらしたりして反応する子を見つけたら、その時がチャンスです。

> 「□□さん、今、うなずいていたね。うれしかったなあ。ちゃんと聞いてくれていることが伝わるよ。最高！」

というように、その時の望ましい行動をほめちぎります。時には、「みんなもやってみよう」というように練習もします。なるべく生活場面の中で、望ましい行動を定着させていくように努めます。

☆拍手でふんわり空気づくり

　友達の発表や発言を聞いた後に、みんなで拍手をします。拍手が定着し、学級の文化となるだけで、あたたかい教室の空気が生まれます。また、拍手は、反応が苦手な子にとっても取り組みやすいものです。

　まずは、担任が手本を示します。担任につられて拍手をする子がいれば、手本にするチャンスです。また、私は、反応が薄い学級では、最初に相手がうれしくなる拍手の練習もします。

　拍手の仕方は、赤坂真二氏の著書にあるように、「笑顔で細かく、思い切り」

です。パン，パンとしてゆっくりとした拍手は，外国では「内容がつまらない」というサインであり，相手に失礼であることも指導します。

☆忍者作戦

　低，中学年には，この「忍者作戦」がけっこう受けます。元気がよくて力をもて余しているような子や逆に人前にあまり出たがらない子など，よさを引き出したい子をこっそりと呼び出して，忍者になるための指令を伝えます。

> 「あなたにお願いしたいことがあるんだけど，先生の忍者になって，あなたの声を学級のために役立ててほしいんだ。先生が，合言葉の『話をします』と声をかけたら，大きな声で返事してくれないかな。でも，この話は誰にも内緒だよ。忍者みたいにこっそりね」

　約束の時間です。合言葉の「話をします」と言った瞬間，その子が元気よく「はい」と返事します。その瞬間，その子を猛烈にほめます。

　この忍者作戦のポイントは，一人一つの指令です。同じ指令が何人に出されてもよいですが，同じ子に集中しないように，なるべく学級の子どもたち全員が指令を受けられるように意識し，一人一人のよさを引き出したり伸ばしたりします。

(2) ペアの対話を鍛える

　私は，授業の基本としてペアの対話を重視します。ペアは，コミュニケーションの最小単位だからです。そのため，授業中に，ペアで考えを伝え合う場面を意図的につくります。課題を個人で考えた後，ある程度，ペアで考えを伝え合い深めてから，学級全体でシェアを始めます。これは，すべての子どもに自分の考えを表現する機会を確保したいという意図もあります。ここでは，授業以外でペアの対話を鍛える実践を紹介します。

☆インタビュー健康観察

　日直の「健康観察です」という合図で，健康状態についてペアでインタビューします。その際，ハンカチ，ティッシュなどエチケットセットの有無も確認

します。それが終わると，ペアの対話です。昨日の出来事，最近のマイブームなど，テーマを決めて互いに話します。

　この対話のポイントは，「自分からすべてを話さない」ということです。相手が続きを聞きたくなるように話します。話のヤマ場で話し手をバトンタッチし，交互に時間になるまで対話を続けます。健康観察の時間は短いので，交互に話すことで，途中で時間になっても，ペアが何かを話す機会は確保できます。話の続きは，休み時間の楽しみになることもあります。

　最後は，担任の確認です。「△△さんが，朝からのどが痛いそうです。薬は飲んでいません」というように，ペアの体調を担任に報告します。かぜ，けが，服薬の有無など報告すべき基本的な情報は決めておきます。担任は報告を記録し，健康状態に漏れ落ちがないように必ず最終確認をします。

　この活動は，友達の体調に関心をもち，気遣う視点も与えます。そのため，隣同士，前後，斜めなど，毎日ペアを変えることで関係性が広がります。

(3)　伝え方の語尾を変える～「私もやるから，あなたもやろう」～

　日常の会話の中で，言い方によって，同様の内容でも相手の受け取り方が変わることはよくあります。実は，教室の中でも，言い方のために個のつながりが細かに途切れてしまっている場面があります。

　例えば，教室が騒がしい時など，日直の注意にもかかわらず私語が続くと，よく気が付く子が「静かにして」と声をかけ始め，逆にその声の方が騒がしい事態に教師が一喝…。これは，私が駆け出しの頃の教室の風景です。

　気が付いた子の行動は，日直の気持ちや場面にふさわしい態度を考え，日直とみんながつながる場面をつくろうと大きな声で要求している訳です。しかし，どんなに正しい要求をしても，大声で「○○して」と言われることは，聞き手にとって，何か命令されているように聞こえてしまいます。

　そこで，「静かにして」ではなく，「静かにしよう」と語尾を変えたらどうでしょう。「私も静かにするから，あなたも静かにしよう」というように，共に行動するニュアンスが生まれてきます。他にも，

> 「授業の準備をして」→「授業の準備をしよう」
> 「ちゃんと並んで」 →「きちんと並ぼう」
> 「(話し手に対して) 前を見て」→「前に人が立ってるよ。前を見よう」

　このように，語尾を指導するだけで定着してくると学級の空気があたたかく変わっていきます。
　成功のポイントは，語尾を上げることです。語尾を下げると，同じ言い方でも威圧的に感じてしまいます。また，うまくいかない時は，隣同士や近くの友達に伝えることから始めるとうまく広がります。
　この表現が定着すると，様々な場面でも応用できるようになります。授業の発表場面など，声がよく聞こえない時，「よく聞こえません」「大きな声で言って」ではなく，「もっとよく聞きたいので，もう一度言ってください」など，聞き手の気持ちも添えて要求できるようになってきます。

4 個が輝くためのルールと手立て

(1) 学習プロジェクト

　この活動は，自分のよさを発揮する場面づくりです。得意な教科，好きな教科に全員が所属し，その教科を通して学級を盛り上げます。大切なコンセプトは，「プロジェクトのおかげで，もっと教科が好きになる」です。
　主な活動としては，教科のワークテスト対策や宿題プリントの作成，級外の先生が担当する教科の場合は，担当の先生に授業の予定や持ち物の確認・連絡，理科では実験準備の手伝いや片付け，体育では道具の準備や準備体操など，アイデア次第でどんどん広がります。ただし，宿題などの配布物は，事前に担任が内容を確認し，誤字脱字のチェックをします。
　この活動は，進めば進むほど子どもたちで工夫し，学級の文化として馴染んでいきます。得意な教科で学級の弱点など分析して，様々な課題を提案してきます。「音楽プロ，お願い！」などと声をかければ，前に出て歌の練習など短

時間でも様々な学習を始めるようになります。学級のために役立つことで，子どもたちは自分への自信を深めていきます。

内容がマニアックになると「難しすぎる」など苦情が出てくることもあります。そこで，うまく進めるコツは，提案に文句をつけない，提案側には，内容の意図をしっかり学級に伝えることを確認するようにしておきます。

(2) 「みんながスター」

自分のよさを高め，個性を伸ばすための活動です。そのために，まずは学級の中で集団として個がつながることを十分に進めた上で始めます。

〈みんながスターになるための3ステップ〉
　ステップ①　スターになるための行動宣言の決定
　ステップ②　行動宣言を決めた理由とその具体的場面
　ステップ③　定期的なふり返りと評価

まず，「学級で1番になりたい」という目標を一つ決め，行動宣言をします。今，もっとできるようになりたいこと，苦手だから克服したいことなどもよいです。内容は，学校生活とつながりのあるものがふさわしいです。習い事などは，学校生活の中で，教師にも友達にも変容が見えにくいからです。また，なるべく具体的な内容がよいです。友達が，その宣言から行動の姿をイメージできる内容にします。例えば，「一人でいる友達に声をかけること」などです。なぜなら，この行動宣言を行動目標として，自分の行動をふり返るための「評価規準」にしていくからです。

次に，決めた行動宣言をノートや作文用紙に赤囲みで書きます。行動宣言の下には，決めた理由と具体的な行動の場面を書きます。特に，具体的な行動の場面が重要です。少なくとも二つくらいは場面を書かせたいところです。

ポイントは，子ども自身が「よし！　これで頑張るぞ」という気持ちになること，新しい成長した自分に出会える期待感を味わうことです。そのために，内容は，子どもの能力を超えたものにせず，何よりも，その子自身が，「スタ

ーになれた」という実感を得られることが大切です。

　Aさんは，行動宣言を考えてくるように宿題を出した日，自主学習ノートに次のように書いてきました。

> 「今日の先生の話を聞いて，私は，朝のあいさつのスターになりたいと思いました。なぜかというと，いつも仲のよい友達にしか朝のあいさつをしていないと思ったからです。（中略）私は，『みんながスター』という言葉を聞くと，勇気をもらえます。だから，がんばりたいです。」

　いつも控えめで，授業中の発言もしません。そのAさんが，自分の弱さを見つめて，頑張ろうとしている姿にとても感動を覚えました。

　決めた行動宣言は，発表したり教室に掲示したりせず，自分だけのものにしておきます。大切なのは，この行動宣言を，定期的にふり返り，評価する場を設けることです。目標としたスターになれているかふり返ることで，目指した行動が自分の姿として，生活の場面で生きてくるのです。

(3)　「ふわふわシャワータイム」

　私の勤めた小学校では，縦割り班の活動の後に，互いに勇気付けられる言葉「ふわふわ言葉」を伝え合う「ふわふわシャワータイム」という時間がありました。私は，個が輝く時間として，毎日この活動を学級で行いました。担任していた学年の愛称から「ときめきシャワータイム」と名付けました。

　シャワータイムは，1日一人，学級の「今日のスター」を決めて，みんなでスターのよさを見つけて，帰りの会で発表するという活動です。見つける視点は，「世界で私だけが見つけた○○さんのすごいところ」です。

　1日かけて，今日のスターとなった友達のすごいところを見つけます。帰りの会で具体的に発表できるように，じっくりとスターの行動を観察します。

　日直の「ときめきシャワータイムです。今日のスターは，○○さんです」のアナウンスで，大きな拍手に包まれて，スターが黒板の前に登場します。

　スターが立つと，子どもたちは，順番にスターのよかったところを発表して

いきます。私は，次の視点で3文にして発表するように指導していました。

①いつ，どこの出来事か
②スターのすごいところ
③スターの行動から今後の自分の行動に活かしたいこと

　話す準備ができた子どもから自由に起立して発表します。例えば，「2時間目の教室移動の時のことです。○○さんは，みんなの机と椅子を整えていてすごいと思いました。ぼくは，椅子が出っぱなしでもそのままにしてしまうので，次は，ぼくも教室の机や椅子の様子に気を配りたいです」。

　この下線部分は，その子の小さな行動宣言でもあります。私は，友達のよいところをまねしようとする気持ちも活かし，生活の中で実際に行動に表れた時には，しっかりと評価し，その子の成長を価値付けるよう心がけました。

　このシャワータイムは，「みんながスター」の行動宣言ともリンクさせます。友達の発表の中で，行動宣言にある内容があれば，「○○さんの行動宣言を，あなたのよいところだと発表してくれた人がいたね。あなたの頑張りは，確実に周りの人にも伝わっていますよ」と価値付けます。行動宣言の内容は明かしませんが，その子の努力を友達の気付きによって評価することで，よりいっそう自己肯定感を高めていきます。

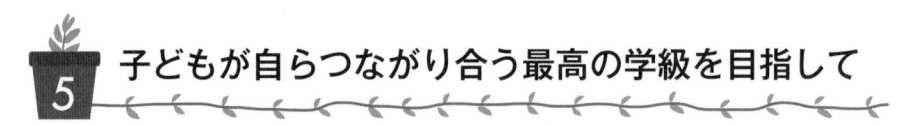

5　子どもが自らつながり合う最高の学級を目指して

　私は，卒業を前にした6年生にこのような話をします。

　「いよいよ，中学生ですね。同じ中学校に行く人もいれば，他の中学校に行く人もいます。みんなは，新しい環境で一から人間関係をつくらなければなりません。その時，『6年生の時の方がよかった』とは思ってほしくはありません。新しく出会ったメンバーで，また，最高の学級を目指してほしいのです。互いのよさをまた引き出し合ってほしいのです。その互いのよさを引き出すた

めに，自分のよさも磨き，1年間，高め合ってきたのです」

　子どもたちには，よりよい人間関係を築ける力を身に付けてほしいと願っています。しかも，自分から仲間をつないでいく力です。私は，未来の子どもの幸せを願って，日々のよりよい授業に努めていきたいと思います。

（田中　文健）

【参考文献】
(1)　赤坂真二著『スペシャリスト直伝！　学級を最高のチームにする極意』明治図書，2013
(2)　二瓶弘行著『プレミアム講座ライブ　二瓶弘行の国語授業のつくり方』東洋館出版社，2011
(3)　菊池省三編著『小学校発！一人ひとりが輝くほめ言葉のシャワー』日本標準，2012

4 やる気を引き出すルールづくり

1 ルール指導　理論編

(1) ルールとは

　広辞苑によると「ルール」は、「規則。通則。準則。例規。」とあります。続けて「規則」を調べると、「①きまり。のり。おきて。さだめ。②物事の秩序。③事件または行為の一様性を表現し、または要求する命題。④人の行為や事務取扱いの標準となるもの。」とあります。

　漠然としている説明なので、「ルール」と似ている「マナー」と比較してみます。身近な「交通ルール」と「交通マナー」では次のようになります。

　「交通ルール」は、走行中は携帯電話使用禁止、飲酒禁止、シートベルト着用、免許携帯、法定速度、信号、交通標識遵守などが挙げられます。

　違反した場合に罰金や免許取り消しなどの罰則があります。

　必ず守るべきものとして定められているのが「ルール」です。

　ルールと言えば、交通ルール以外にも、サッカーのルールや、将棋のルールなどが思い浮かびますが、これらのルールに共通しているのは「守らなければ参加できない」ということです。スポーツで手をたくさん使いたい人は、サッカーではなくラグビーやバスケットボール、ハンドボールなどに参加しなければいけません。

　ルールとは、「守らなければならない行動」です。

(2) マナーとは

　「交通マナー」は、無理な割り込みをしない、直進時右折車のことを考える、渋滞中の合流は1台ずつ、渋滞中にすぐUターンしない、近道として狭い道は

使わないなどが挙げられます。
　「交通マナー」には，罰則はありません。「お互いが気持ちよく過ごすための気持ちと行動」です。
　マナーと言えば，交通マナー以外にも，テーブルマナー，公共のマナー，携帯マナーなどが思い浮かびますが，これらのマナーに共通しているのは「誰か」といる時に必要になるということです。誰かと会話をする時，誰か人と会う時，誰かと同じ空間にいる時などに，自分が過ごしやすいように，そしてほかの人が不快にならないように気を付けるということです。
　マナーとは「自分とみんなのために，心地よく過ごすための思いやりの気持ちと行動」です。

(3) ルールとマナーを分けて考える
　集団をつくる上で絶対に譲れないものはルール，それ以外のものはマナーと分けて考えるようにします。
　ルールは，破ると叱られる・一時的に活動に参加できないなどのペナルティがあります。ルールにすることにより規律が明確になります。
　一方，ルールが多すぎると，ルールに縛られ，不自由さを感じるようになります。また，納得のいかないルールだと，反発心を生むこともあります。

(4) ルールの大切さを子どもたちに伝える
　ルールの大切さについて，子どもたちに次の話をします。

①ルールは，集団一人一人のためにある。
②ルールは，守らなければならない。
③ルールを破ると，ペナルティがある。

　特に，「③ルールを破ると，ペナルティがある」を，伝えることが大切です。「②ルールは，守らなければならない」だけ教えていたのでは，不十分です。マナーと同じように解釈され，「守るか，守らないか」を個人の判断基準に任

せてしまうことになります。

(5) ペナルティとは
　ペナルティというと，罰金や罰則のイメージが強いですが，学校教育では大きく二つに分けられます。二つが同時に行われることもあります。

> ①叱られる。
> ②改善アイデアを出す。

　「①叱られる」で代表的なものは，命や身の安全にかかわる危険なことをした時です。
　教師が主体となって話をします。
　「②改善アイデアを出す」では，時間が守れない時に，何をすれば守ることができるかを考えます。
　子どもたちが主体となって話をします。

(6) スポーツを例に
　T：「サッカーは手を使ってもいいですか」
　C：「いけません」
　T：「手を使った方が，飛んできたボールを止めやすいし，持って走った方が敵にボールを取られないからたくさん点がとれます」
　C：「それじゃあ，サッカーじゃありません」
　T：「どういうものがサッカーなの？」
　C：「キーパー以外は手を使いません」
　T：「手を使うとだめなの」
　C：「だめです。ハンドといって，フリーキックかPKになります」
　T：「誰がそんなこと決めたの」
　C：「誰が決めたかわかりませんが，サッカーのルールです」
　T：「どうしてルールがあるんだろう。手を使った方が楽しいでしょ。勝

負にも勝てるし」

C：「みんなは楽しくありません。手を使わないというのがルールです。ルールがあるからサッカーができます。ルールがないと何のスポーツかわかりません」

T：「ルールを破るとどうなるんですか」

C：「相手チームのボールになる。警告を受ける。退場になる。しばらく試合に出られなくなる」

T：「ルールを破ったからといって，試合に出られないのはかわいそう」

C：「でも，決まったルールをみんなが破るとサッカーはできないし。相手にも迷惑かけていて，反則をとらないと相手がもっとかわいそう」

T：「ルールって必要？」

C：「必要」

T：「じゃあズバリ，なんでルールって必要なの？」

C：「みんなが楽しむため」「安心して参加できるため」「悪いことをしないため」「盛り上がるため」

T：「教室にもルールは必要ですか」

C：「必要。サッカーと同じだと思う」

T：「もしも教室のルールを破ったら」

C：「先生が怒る」「注意する」「謝る」「次は守る」「退場する」「校庭10周」「宿題が増える」「給食のおかわりなし」

T：「先生が叱ることもあると思います。でも，やっぱり罰で懲らしめるというよりも，次につながってほしいと先生は思っています。もし破ってしまったり，うまくいかなかったりしたら，次はこうするというアイデアを出してほしいなと思っていますが，どうですか。不安な人も大丈夫です。思いつかない時やわからない時は，先生とそしてみんなと一緒に考えていきましょう」

(7) ルールは簡単につくらない

　ルールは慣れないうちは守るのもたいへんですが，それ以上に守らせることがたいへんです。

　例えば「授業中は背筋をピンとして授業を受けます」「先生は毎日中休みか昼休みみんなと一緒に遊びます。外で元気に遊びましょう」「宿題は必ず朝の会までに出します」「給食では…」「掃除では…」「朝の会では…」と，どれもこれも「これをします」「あれをしましょう」と決めたとします。一つ一つどれも大事なことです。

　果たしてすべてを達成することはできるのでしょうか。子どもたちも，教師も常に万全の体調であるとは限りません。できる日もあればできない日もあるでしょう。

　「守れないことは指導する」のは当然です。ただ守るべき項目が多すぎると，「守れないから，指導する」がたくさんでてきます。「守れないから，指導する」，「守れないから，指導する」と，指導を重ねていくとだんだん子どもとの距離が離れていきます。

　逆に，「守れなくても指導しない」ことがあると，「なんだ別に守らなくてもいいんだ」ということを子どもたちは学び，ルールや指導を大切だとは思わなくなってしまいます。

(8) ルールではなく，期待を告げる

　「授業中は，必ず姿勢を正します」と姿勢をルールとしてもってくると，姿勢が崩れたことが指導対象になります。しかし，「姿勢正しくできるといいね」と期待を告げると，「おっ，いい姿勢だね」と，ほめる対象となります。

　「1年間姿勢の指導をやり抜く」「絶対に必要だ」など，強い思いがあれば，宣言し徹底することもできますが，「大切だ」「大事だ」「できればその方がいい」という程度の思いであれば，期待を告げることの方が，先生も子どもも構えることなく過ごせ，居心地のよいクラスになるでしょう。

(9) ルールは本質的なものに絞る

　ルールは，あれもこれもつくるのではなく，本質的なものにします。できれば記憶に残りやすい三つ以内にします。

　次のページにルールリストを載せました。ルールづくりにご活用ください。絞ることが難しい場合は，仮のルールとして決め，あとは運用しながら見直していくようにします。

2 ルール指導　実践編

(1) コーチングアプローチによるルール決め

　コーチングは，「人のやる気やアイデアを引き出し，自分自身の力でより早く目標を達成させるための方法」です。子どもの話に耳を傾け，質問し，子ども自身にどう問題を解決したいかを考えさせることで，やる気を引き出します。

　人は自分以外の人から指図されると，本能的に自我が邪魔をし反発精神を生みます。その一方で，自分の言ったことや考えたことは頭に入りやすく，行動を起こしやすいと言われています。

　ルールは教師から言われた通りに守るだけではなく，「自分たちで考えること」で，より大切にしたり，より守っていけたりします。

(2) ルールは誰のためにある

　ルールは，教師のためにあるのでしょうか。それとも子どもたちのためにあるのでしょうか。

　ルールは，「子どもたちの成長のため」にあります。教師が決めるのではなく，子どもたち一人一人の思いを大切につくるようにします。

　子どもたちが自己決定する中で，ルールを意識して行動できるようになります。

　ただし，すべてを一緒に考えるというわけではありません。命や心身の安全にかかわることや信念など，伝えておくべきことがあれば，学級開きなどで教

「ルールづくり」ワークシート

1. 自分を磨く
2. 友だちを大切にする
3. 命にかかわる危険なことをしない
4. 他人の不幸の上に自分の幸せを築かない
5. 3度は注意されないようにする
6. 全力をつくす(怠けない)
7. 感謝
8. 今を生きる
9. 約束を守る
10. 耳と目と心で聴く
11. ＋α
12. 物を大切にする
13. あいさつをきちんとする
14. まちがいをおそれない
15. 自ら考えて行動する
16. 時間の決まりを守る
17. 嘘はつかない
18. 人の悪口を言わない
19. 悪いことをしたらあやまる
20. よく遊び、よく学び、よくねむる
21. 早寝早起き朝ご飯
22. きちんとした言葉遣い
23. あとしまつをきちんとする
24. 自分から褒美を要求しない
25. 宿題は毎日提出する
26. 忘れ物をしない
27. 許可なく席を立たない
28. いじめられたら知らせる
29. 弱いものをかばおう
30. 世のため人のためになることをしよう
31. まず自分にできることをしよう
32. 先人に学ぶ
33. 拍手をする
34. 人に迷惑をかけない
35. ゴミを拾う
36. 見てみぬふりをしない
37. うわさで判断しない
38. 必ず誰かに相談する
39. 笑顔で過ごす
40. 目上の者を敬う
41. 人のものに手をださない
42. 困っている人を助ける
43. 努力は人を裏切らない
44. 腰を立てる(姿勢をよくする)
45. 健康に気をつける(運動する)
46. フワフワ言葉チクチク言葉を守る
47. 一日一善
48. 掃除をまじめにやる
49. 給食を残さない
50. 大きな声で歌える
51. 素直
52. 正直
53. 夢(志)
54. 強みで勝負する
55. 自分をコントロールする
56. やり抜く
57. 自分からやる気を出す
58. 人によって態度を変えない
59. 楽しむ
60.

子どもに伝えたい3つのこと

・(　　　)

・(　　　)

・(　　　)

師主体となりルールを示すことも大切です。

(3) 話し合い活動のルールを決める

　ルールを決める時は，子どもたちと一緒に決めていきます。一例として，話し合い活動のルール決めの方法を紹介します。
　「話し合い活動をしています。その中で，よいところは何ですか」
　普段漠然としている話し合い活動ですが，よいところや改善点を考えてみようと投げかけることで客観的に話し合い活動を見られるようになります。
　まずは，個人で考える時間を設定します。
　次に，個人で考えてきたことを班で出し合い一つにします。一つに絞る活動で話し合いを深めることができます。
　「時間いっぱい話ができている」「しっかり話が聞けている」「うなずきながら聞いている」など，班で一つに絞ったものを書きます。六つの班があれば，六つのよさが出されます。
　次に，同じ流れで改善点も出します。
　「一人の人がたくさん話をしている」「ふざけている人がいる」「ほとんど話をしない人がいる」など，改善点が同じ数挙げられます。
　よさと改善点が一覧になることで，クラスの実態が共有できます。この情報を共有し，「よりよくしていくためのルールを決めよう」と確認した上で具体的なルールを出し合います。

(4) ルールの決定方法

　物事を決める時には，多数決，じゃんけん，推薦，くじ，徹底議論等様々な方法がありますが，大事なのは，事前に決め方を決めておくことです。
　「じゃんけんがよかったのに」
　「え，なんで手を挙げているの」
　「知らない間に決まっていた」
ということがあると，決まったものに対して非協力的になってしまう場合があ

ります。
　「10分で，決まらなければじゃんけん」
　「互いのよさを10分出し合った後に多数決」
と，決め方を事前に合意形成しておくとトラブルが起きにくくなります。

(5) 倍の数，手を挙げる

　様々な決め方の中でも時間の関係上「多数決」になることがよくあります。多数決のコツは，「決める数よりも多く挙手する」ことです。
　例えば，「三つの中で一つ決める時は，一人２回手を挙げる」というように決まる数よりも多く手を挙げるようにします。
　挙手の回数が多ければ，「自分が選んだ」という人が増えます。三つの中から一つ選ぶ時に，一人２回手を挙げればほぼ全員が投票したものが選ばれます。選んだものが決まることで，自己決定感が高まり，行動への意欲が増します。

(6) ルールを決めた後

　決まった後は，掲示しておきます。ルールが守れていない時は，掲示に戻ります。いちいち口で注意するよりも，掲示物を指すことで，改めてルールを確認することができます。
　ルールは，必ずしも完璧とは限りません。実際にやってみてうまくいかない場合は，合意形成の上でルールを更新していくようにします。

(7) 班のルールを決める

　席替えごとに「グランドルール（グループごとに決めるルール）」をつくります。
　集団をつくる上で大事なことは「人とうまくかかわること」です。グランドルールを活用することで人とのかかわりが促進されます。

〈グランドルールのつくり方〉
(1) 班で「一人一人が安心して楽しく過ごせるために必要なルール」は何か話し合う。
(2) 話し合った中で，皆が大事だと思うことを白紙の色画用紙に書き出す。
　※基本的な項目は　①日付　②題名　③どんな班になりたいか＆達成予定日　④取り組むこと　⑤名前　であるが，「掃除のめあて」や「班のかけ声やキャラクター」など，いろいろなものを付け足せる。
　※グランドルールは加筆や修正ができることを伝えておく。
(3) 最後に誓いの意味を込めて一人一人がサインをする。

〈成功させるポイント〉
(1) 席替えをした時にすぐつくる（鉄は熱いうちに打つ）。
(2) 色画用紙の色の種類はできるだけ多く用意する。書式は必要な項目を満たしていれば自由（選択により自己決定感を高める）。
(3) 班のポーズを決め，その写真も貼る。
(4) 班長が机の中に常備する（活動のたびにすぐ見ることができる）。
(5) コピーしたものを掲示する（互いの班のルールを知り，支え合う）。

〈活用シーン〉
(1) ワークショップの前
　活動前に全員で一読します。全員で読むことで，自然と一体感が生まれます。「共有するめあて」をもてることは学習活動を活性化することにつながります。ふり返りの時も共通の土台で話し合うことができ，フィードバックの質が高まります。

(2) 活動中
　ワークショップの時には一斉授業よりも揉め事が起きやすい傾向にあります。その時役に立つのがグランドルールです。教師が割って入るのではなく，グランドルールの用紙を出して，今回の揉め事はグランドルールに何が足りなかったのか，もしくはグランドルールの何が守られなかったのかを考えてもらいます。そしてグランドルールの修正を行います。「ピンチはチャンス，それはチェンジ」。揉め事の経験をグランドルールに活かしていけるようにします。

C：「佐藤君が叩きました」
C：「田中君が最初に文句を言ったからだろ」
T：「グランドルールに仲良しってあるよね」
C：「こいつが先に文句を言ったから」
T：「『仲良し』を達成するためにはどうしたらいいと思う？」
C：「文句は言わない方がいいと思う」
C：「叩かない方がいいと思う」
T：「どうしても文句を言いたくなったり，叩きたくなったりしたら？」
C：「口でちゃんと言うか，先生に言う」
C：「僕もそうする」
T：「じゃ，それグランドルールに書いておく？」
C：「賛成」

(3) ふり返りの時

　ふり返りの時に，グランドルールが機能したかどうかを確認します。できたものは認めあったりほめあったりします。できなかったものは次回どうすれば達成できるのかを話し合います。達成するためにグランドルールの修正や追加，削除を行います。回を重ねるごとにグランドルールが班に合ったものとなり，愛着も増してきます。

(8) ルールの六つのレベル

　最後に，ルールのレベルを紹介します。同じルールでも，怒られるから避けたいというものから自己実現に向けてと捉えることもできます。ルールは，互いが心地よく過ごすためにあるだけでなく，自分自身を高めていくための指標にもなります。

　レイフ・エスキスは『子どもにいちばん教えたいこと』（草思社）の中で，ローレンス・コールバーグの「倫理的発達の段階説」をもとに，倫理を六つのレベルで説明しています。

レベル1　面倒を避けたい
レベル2　報酬がほしい
レベル3　誰かを喜ばせたい
レベル4　ルールに従う
レベル5　他人を思いやる
レベル6　個人的な行動規範をもち，それに従う

　六つのレベルを伝えることで，ルールの意味するロードマップを示し，自分の立ち位置と目指したい姿を明らかにすることができます。

（山田　将由）

5 ルールを細かく決めず ルールを決める⁉

1 ルールが徹底できないのはなぜ…？

「さあ！ いよいよ学級開きだ！ 黄金の3日の間に学級のルールを徹底的に決めんとあかんな！ 気合い入れるぞ！」

こう意気込んで，いろいろなルールを細かく細かく事前に考えた経験がある先生も多いのではないでしょうか？

掃除や給食の進め方
忘れ物をした時の対処法
宿題の提出の仕方
発言のルール
挙手の仕方
話を聞く姿勢，教科書を読む時の姿勢などなど…

一方でこんな経験をした先生も多いのではないでしょうか？
「あー… またルール決めたのに見過ごしてしまった…」

もしかすると，ルールがあったことすら，うっかり忘れてしまうこともあるかもしれません。そしていつの間にか，指導が後手にまわってしまい，子どもたちとの関係がギクシャクし，

「なんで，一生懸命頑張っているのにあの子はあんなに言うことを聞いてくれないんだろうか…」

「はー，なんかうまくいかなくなってきてるなー…」

と，自分の思っているような学級経営ができずもやもやした気持ちになってしまう。

私自身もこういった経験を何度もしてきました。
　このようにルールを事前に細かく決め過ぎると，却って自らの首を絞めてしまうことになりかねません。
　学校生活ではルール通りにいかないことが当然です。だからこそ，ルールはあえて細かく決めないことが大切なのです。
　そこで私が意識しているのが，まず自分自身の育てたい子ども像のテーマ，自らの学級経営の理念を決めてから，学級のルールを決めることです。
　私の場合，「克己心」（自分の弱い心に打ち勝つ心），「利他愛」（人を愛し，人に愛されること）の心をもった子どもの育成，そして誰もが毎日楽しく過ごせることを学級経営の理念としています。
　この学級経営の理念があれば，それを基準に柔軟に対応ができます。
　ルールが徹底できないのはルールだけしか考えていないからです。そのルールがなぜ必要なのか，そのルールで子どもたちにどんな力を身に付けさせたいのかといった根本的な部分を先に考えなければならないのです。
　ルールだけを先に考えるのではなく，自らの理念に即して，その上でルールを考えていくことが大切なのです。

2 教師の熱い教育が恐育に

(1) 子どもを育てることは教師のエゴ

　私は「克己心」と「利他愛」の心をもった子どもを育てていきたいと思っています。しかし，育てていきたいというのはあくまで教師のエゴだということもまた事実です。
　果たして，本当に私が掲げたこの二つの能力が子どもたちにとって必要なのか，そう問われると，100％自信をもってそうだとはなかなか言い切れません。それは子ども一人一人個性があり，子ども一人一人に身に付けさせなければいけないところ，伸ばしてあげるべきところも当然違うはずだからです。だからといって，教師自身が育てたい子ども像をもつことが不必要なのでしょうか。

否，それは絶対あり得ません。むしろ必ずもたなければなりません。

　大切なことは普段の学校生活において，常に子どもたちに教師のエゴを押し付けているんだと教師自身が少しでも意識することなのです。

(2) 20年後，今ある職業の半分がなくなる!?

　自分にとって育てたい子ども像って一体何なのか？

　なかなか自分の中で「これだ!!」と思うものがありませんでした。

　そんな時，昨年の冬に衝撃的な記事を目にしました。

> 「2011年度に米国の小学校に入学した子どもの65％は，大学卒業時に今は存在しない職業に就くだろう」
> 　　　　　　　　　（アメリカ・デューク大学のキャシー・デビッドソン教授）
> 　今後20年のIT化の影響で，米国における702ある職業のうち，およそ半分が失われる可能性がある。
> 　　　　　　　　（2013年9月　イギリス・オックスフォード大学　「雇用の将来」）

　もちろん，アメリカでの話なのですべてを鵜呑みにすることはできないでしょう。しかし，今後ますますグローバル化が進んでいく中で，決して日本も対岸の火事では済まされないのもまた事実でしょう。

　この記事を読んだ私は目先の成長だけではなく，もっと長い目で将来的に子どもたちにどのような力が必要なのかを考えなければならないと強く感じました。

　パソコンの高性能化でますます希薄化していくだろう人間関係。

　年功序列から能力至上主義への移行。

　グローバル化でマニュアル通りにはいかなくなることで産まれるであろう解決困難な事象。

　だからこそ，現在の私は

日本人としての思いやりの心をもった子ども（利他愛）

> 現状の自分に満足することなく常にクリエイティブに伸びていこうとする力をもった子ども（克己心）

を育てたいと考えています。

(3) 寂しく，悔しかった小学校時代

　私は教師が嫌いです。そんな私が今はなぜ，教師をしているのか？
　それは小学校時代の私のような気持ちをもった子どもを出したくないといった思いをずっともっていたからです。
　小学校時代，私にとっては寂しく，悔しい思い出ばかりでした。
　当時の私は無類の目立ちたがり屋で，みんなと楽しみながら，注目を浴びるにはどうすればいいのかを毎日考えていました。
　しかし，そういった私のことを担任の先生は決して理解をしてくれることはありませんでした。
　感情を込めて音読をした時も，
「そんな読み方は教えていない。ふざけるんだったら廊下に出なさい」
と廊下に立たされ，
　廊下で友達と騒いでいた時も，
「そんな，暴れてたら落ち着きのない小野菌がうつるぞ」
と笑いながらみんなの前で指導されたことなど，私の記憶の中からは決して忘れ去ることのできない言葉をたくさんたくさん浴びました。
　そして，指導の後，必ず笑顔で
「でもね，これは小野君のために言ってるんだよ。きちんとしようね」
　先生が言っていた「僕のため」が全く理解できませんでした。
　私はただ自分を認めてほしかっただけ。
　私はただみんなと仲良くしたかっただけ。でも，誰にも伝わらなかった。
　もちろん，先生も私のためを思って指導をしてくださっていたのでしょう。しかし，その時の寂しさと悔しさ，少しずつ学級の友達にも相手にされなくな

っていった孤独感，そして，それが誰にも理解されない絶望感は本当につらかったです。私のこの経験から，教師の教育観を押し付けすぎることはただの教師のエゴの押し付けになってしまい，そこから溢れた人間にとっての「恐育」となってしまうのです。

　子どもをこう育てたいという思いの一方通行では教師のエゴの押し付けになってしまいます。もちろん，それも絶対に必要です。しかし，行き過ぎるとそこから溢れてしまう子どもたちを産み出してしまう恐れもあることを教師は必ず自覚しなければなりません。私自身はこの溢れた側の人間でした。

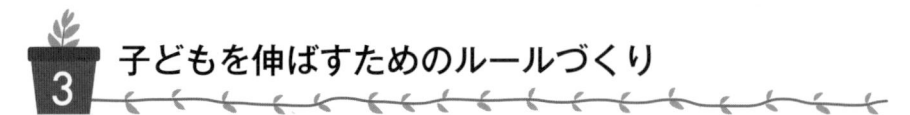

3 子どもを伸ばすためのルールづくり

　私は，自らの学級の全てのルールが「克己心」と「利他愛」に収束するように意識しています。

　ルールを事前に細かく決めてしまうと，「自らの育てたい子ども像」にルールが収束しづらくなり，指導に一貫性がなくなり，指導のブレが起きてしまい，ルールにふり回されてしまう恐れが高くなります。

(1) 克己心を伸ばすために

　克己心を伸ばすために，学級開きの際に

> 「昨日の自分より少しでも成長できるように。そのために何か新しいプラス1を考えて行動してみようね」

ということを必ず伝えています。

　このことを事前に伝えることで，すべての場面でプラス1ができているかどうかといった視点でシンプルにルールを組み立てることができます。

　また，画一的に学級のルールを定めるのではなく，その子自身がプラス1をして伸びたかどうかといった視点でもルールを柔軟に組み立てることができます。

では，実際に「克己心」を育てるために，どのようなルールを敷いているのかを一部紹介します。

① ノート指導

・黒板の内容を丁寧に写すだけでなく，自分の考えを書いたり，友達の意見をメモしている。

・オリジナルキャラを使って参考書のようなノートづくりができている。

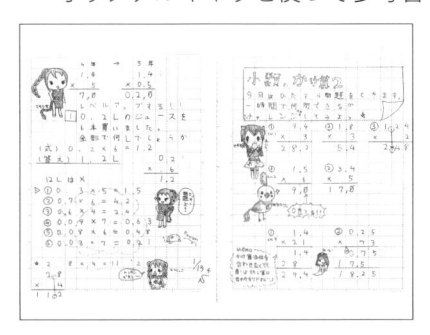

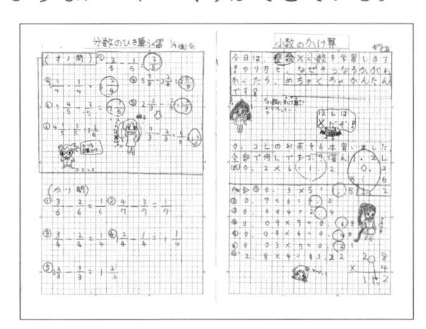

② 漢字ノート指導

・通常の漢字練習に加え，余白に漢字練習をしている。（量のプラス１）

・通常の漢字練習に加え，さらに丁寧さを追求している。（質のプラス１）

　たくさん書くことだけが正しいと思わせないために，量でプラス１するのか，質でプラス１するのかは自由としています。

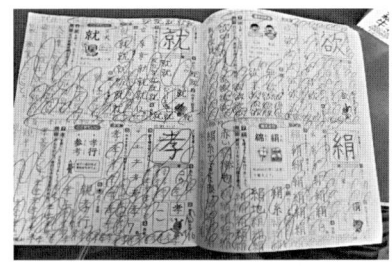

量でプラス１　　　　　　　　　質でプラス１

③ テスト指導

・テストが終わったらもう一度最初から解き直しをしている。

・テストの見直しをした後，まだ時間が余るのであれば，余白に漢字練習を

したり，各問題の部首名，書き順を書き加えている。
（漢字ノート指導，テスト指導は東京都の杉渕鐵良氏　奈良県の土作彰氏の実践を参考）

(2) 利他愛を伸ばすために
　私は「克己心」に加え，「利他愛」の心を持った子どもも育てていきたいと考えています。
　「利他愛」とは相手に愛され，相手を愛する心をもつということです。
　先ほどの克己心と同様に学級開きの際に

> 「相手に思いやりをもつことだけでなく，相手に好きになってもらえる方法も一緒に考えていこうね」

と伝えます。あらゆる場面で子どもたちが「利他愛」の心をもてているかどうかを軸に指導を組み立てていきます。
　では，実際にどのような形でこの「利他愛」の心を育てていくためのルールを敷いているのかを一部紹介します。

>・授業中，聞き手を意識して発言しているか？
>・授業中，話し手を意識して聴いているか？
>・丁寧なノートづくりができているか？
>・友達には丁寧な言葉遣いができているか？
>・目上の人には敬語を使っているか？
>・相手を不快な気持ちにさせていないか？

　「自らの育てたい子ども像」を事前に決めておくことで，自然とルールは浮かび上がってきます。
　ルールを事前に細かく決めないことで，逆にあらゆる場面でぶれない指導をすることができるのです。

話し手を意識した態度 　　　　　　　　聞き手を意識した態度

(3) 多様な個性を認め合う集団に

　教師が自らの思いを強くもつことも大切ですが，一方で自身の小学校時代のつらかった経験から，子どもたちの多様な個性を認め，その個性を伸ばしてあげることの必要性も強く感じています。

　考えてみると小学校ほど面白い場所は他にはありません。

　本当に様々な個性をもった人間の坩堝だからです。

　成長していくと，どうしても自分と似たタイプの人とのつながりしか，もたなくなってしまいます。

　だからこそ，この多感な時期に教師の価値観だけの指導だけではなく，学級での子どもたちのそれぞれの個性を活かし合い，子どもたちの中に多様な視点をもたせることが大切なのです。

　そこで，私は「やる気ファイト表」といったものを利用して，子どもたちの様々な個性を認め，評価するようにしています。

　「やる気ファイト表」ではいくつかの項目を決め，項目ごとに明確な基準を設け，その基準を満たした子どもたちの名前を書いていきます。項目は学級の実態に応じて考えますが，必ずクラス全員の名前が載るように配慮します。

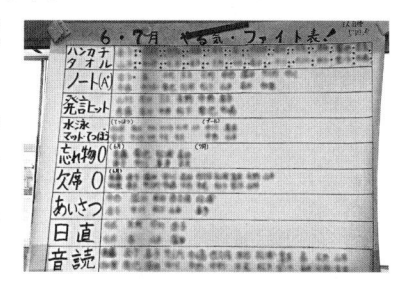

　このやる気ファイト表によって，子ども

やる気ファイト表

第2章　集団をつくるルールと指導　失敗しない定着のための心得　79

たちの意外な一面を教師も子どもも見つけることができ，学習やスポーツの評価では起こり得ない，逆転現象も起こります。

(4) **成長の可視化**

　私がルールづくりと共に大切にしていることが成長の可視化です。

　ただ単にルールをつくるだけでは子どもたちは大きく成長することができません。ルールを決め，適切に評価をし，子どもたち自身が成長を実感することが大切なのです。しかし，心の成長はなかなか目に見えるものではありません。一方で学力やスポーツの結果は伸びたか伸びていないかが一目瞭然にわかります。

　漢字テストや計算テストの点数が以前より伸びた。

　50メートル走のタイムが伸びたなど。

　これらは，どれだけの成果があったのかがはっきりと数字として表れるので，子どもたち自身も課題を見つけやすく，次に何をすべきかが明確にわかり，自身のスキルアップにつなげやすいのです。

　これと同じように心の成長も可視化することで，ルールを守るだけでなく子どもたちの中で高いレベルの行為が起こるようになります。その高いレベルの

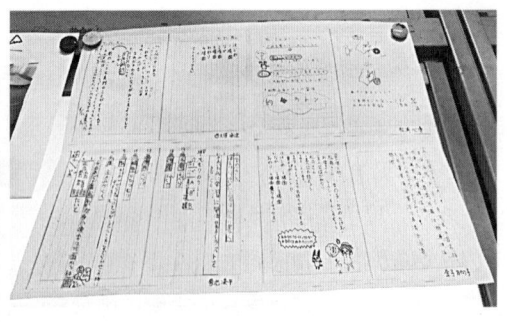

ピカイチモデルとして教室に掲示

行為を可視化することで，よりレベルの高い価値ある行動をする子どもが出てくるといった成長のプラススパイラルが起きます。

私の学級ではキラッと光るようなナイスな行為を写真で撮ったものや，ナイスなノートをコピーしたものを，ピカイチモデルとして教室に掲示したり，学級通信に載せて，子どもたちの成長を可視化しています。

4 一国の主としての責任感をもつことの必要性

現在，様々な場所で学級王国はダメだと言われています。
果たして，本当に学級王国はダメなのでしょうか。
山口県の中村健一氏が先日のセミナーで興味深いことを仰っていました。

> 「学級は国づくりと似ている!! だからこそ，4月に教師はルールづくりを徹底的にしなければならないんだよ！」

非常に深い言葉だと思いました。

極端な例を挙げると，国づくりで一番先にしなければならないことは，理念を語ることでも，国民に自治を促すことでもありません。法律をつくって，国民の安全・安心を保障することです。このことを蔑ろにすると，国が崩壊することは誰の目から見ても明白です。

これを学級に置き換えてみても，同じことが言えるのではないでしょうか？

繰り返しになりますが，一斉授業，協同学習，学び合い，どんな授業形態でも，まず子どもたちが安心して過ごせる環境づくりが必ず必要なのです。

だからこそ，4月に学級の明確なルールを決め，そのルールを子どもたちに守らせ，評価していき，学級のルールを浸透させていかなければならないのです。そうでなければ，学級にそれぞれの子どもたちにとって都合のいいマイルールが蔓延り，学級集団として成り立たなくなり，子どもたちが安心して毎日を過ごすことができなくなってしまいます。

この土台づくりをきちんと行うことで，一斉授業も学び合いも子どもたちの

自治的活動も機能するのです。

しかし，一方で「鎖国」や担任中心の「絶対王政」のようにはなってはいけないこともまた事実です。

それは自分の学級の子どもたちだけを育てればいいのではないからです。

よい実践があればシェアーし合う。

何か問題があれば学年，学校で話し合いを重ね，知恵を出し合い，協力して解決をしていく。子ども中心に学級経営を考えていく。

巷で言われている学級王国はこの観点がない学級王国のことを指しているのでしょう。

私たちは学級という一国の主なのです。だからこそ，自らの理念に即したルールづくりを行い，適切に評価し，子どもたちの安全・安心を保障し，子どもたちを大きく成長させてあげなければならないのです。

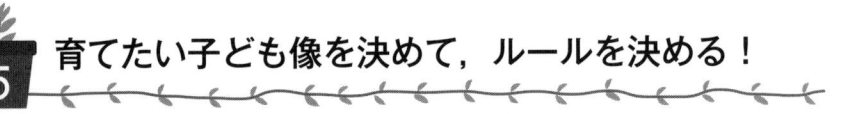

5 育てたい子ども像を決めて，ルールを決める！

担任は責任をもって学級でのルールを明確に決めなければいけません。ルールがアバウトであれば子どもたちが安心して毎日を過ごすことができないからです。

一方でルールを細かく決めすぎると，ルールの徹底ができずに自らの指導の軸がブレてしまう恐れも出てきます。

だからこそ，まず自らの育てたい子ども像を決め，子どもたちの個性を活かしながらすべてのルールがそこに集約していくように学級のルールを決めていくことが大切なのです。

（小野　領一）

6 あなたたちが大切
～思いが伝わるルール指導～

1 ルール指導の大前提

(1) 担任がルールをもつ

　新年度，新しい学校や学年でのスタートです。そんな時，その学校や学年の学習のきまりや，体育館や図書館の使い方などの細かいルールをよく把握しないまま，子どもたちとの生活が始まってしまったという経験はないでしょうか。

　4月1日から始業式までは，3～4日間しかありません。そんな中，教師も細かいルールまで把握できないのは，当たり前かもしれません。

　さて，実際に教室での生活が始まると，様々なルールが必要なことに気が付きます。

> ・朝来たら何をして過ごすのか。
> ・宿題の提出のしかたはどうするか。
> ・窓は子どもが勝手に開けてもいいのか。
> ・5分休みは外に出て遊んでいいのか。
> ・休み時間にCDを流してもいいか。
> ・余ったデザートはどうするか。
> ・今日学級のボールを使っていいのは誰か。

　子どもは，ありとあらゆることを教師に確認しに来ることでしょう。

　そんな時，よく言ってしまうのが「昨年，どうしてた？」という質問です。さて，子どもたちはどう答えるでしょうか。

　残念ながら，こんな時の子どもたちは，実にうまい具合に，自分たちに都合のよいルールを担任に教えてくれることが多いのです。それもそのはずです。

「昨年どうしてた？」という質問は、「先生はルールの基準をもっていません」という宣言になるからです。

ルールがあいまいだと、学級はあっという間に落ち着かなくなってしまいます。

そうならないために、事前に子どもの学校生活を頭に思い浮かべてみてください。子どもたちにとって、

> 危険がありそうだ、迷いそうだ、トラブルになりそうだ

と思うところがあるはずです。そこにはルールが必要です。

それは、安全に関すること、学習に関すること、人間関係に関することなどです。それを書き出し、活動を行う前に、機を逃さず指導します。

(2) **教師が示すルールと相談して決めるルールを区別する**
　① **教師が示すルール**

「教室でボール遊びをしない」のようなルールです。これは、担任がしっかりと決めておき（または学校のルールを確認しておき）、明確に子どもに示す必要があります。

教室でボール遊びをしないというルールには、「蛍光灯やガラスが割れる可能性があり危険だから、やってはいけない」という明確な理由があります。このような、相談の余地のないルールに関しては、「教師が一方的に押し付けるのはよくない」などと不安がらずに、ブレずに指導します。

また、学習用具や学習態度に関するルールも、教師側から、明確に示した方がよいと思います。授業の秩序を守るためです。

　② **相談して決めるルール**

「子どもたちが相談してクラスのルールを決める」「子ども自身がつくったルールなら責任をもって守る」と聞くことがあるかもしれません。

この時のルールとは、「学級に一つだけあるボールをみんながけんかせずに使うためにはどうするか」や「欠席の子どもがいて給食のデザートが余った時、

誰が食べるかをどうやって決めるか」のようなものです。

　これは、何か困った時や、やりづらい時に子どもたちが訴えてきますから、「では、みんなで相談して、みんなが納得いくように考えましょう」と答えます。

　「どうするの」と尋ねてきた子どもたちだけに答えると、周知されず混乱を招きます。学活等の全員がいる場で、意見を出し合い決めるとよいと思います。

(3) **なぜルールがあるのかを考える**

　私はよく、交通ルールにたとえて説明していました。小学生でも知っている交通ルールをいくつか黒板に書きます。

> ・信号が赤だと止まる。
> ・歩行者は横断歩道を渡る。
> ・歩行者は右、車は左を通る。
> ・交差点ではいったん停止し、左右を確認する。

　そして、子どもたちに言います。

　「このルールを面倒だな、守らなくてもいいかな、と思ったことがある人は正直に手を挙げてください」

　ほとんどの子が手を挙げ、何人かが理由を話してくれます。

　「横断歩道が遠回りだから」

　「自転車で交差点で止まるのがめんどくさい」

　子どもたちの正直な意見が出たところで言います。

　「みなさん、ルールを面倒に感じることがあるのですね。確かに、赤でも進んだり、どこでも渡ったりすることができたら、自由に行動できていいですよね」

　あえてここで、「自由に」という言葉を出して、伏線を張ります。

　「では、交通ルールが全部なくなったら、どうなりますか」

　さっきの逆を考えます。

・信号が赤なのに車も人も止まらない。
・歩行者がいろんな所で道路を渡る。
・車が右でも左でも走ってくる。
・交差点では誰も止まらない。

「みなさんは，本当に自由に動けますか」
子どもたちは答えます。
「動けない。今より危ない」
「みんなが勝手に動くので怖い」
「事故に遭いそうで，怖くて歩けなくなる」
「そうですね。実は

ルールはみなさんを守るためにある

のです。そして，

ルールを守る方が，自由に行動できる

のです。学校のルールも，同じですね」
　私は，ルールは子どもたちを厳しく取り締まるためのものではなく，子どもたちを守り，安心して行動できるためにあるものだという大前提を，しっかりと子どもたちに伝えたいと思っています。
　そして，ルールを守れないと，私がみんなを守りきれないこと，与えられる自由が少なくなることなどのリスクも伝えます。
　このように，ルールについてよく考える経験をしていれば，もしもルールを破ってしまうことがあっても，「何のためにルールがあるのか」に立ち返り，ルール指導を進めることができると思います。

2 目指せルール定着!!

(1) 失敗と,忘れられない先輩教師の言葉

　教職1年目,2年生の担任をした時の失敗談です。
　休み時間,教室にいた私のところに,体育館に遊びに行った男子数名が舞い戻って来ました。
　「先生！　今,体育館誰も使ってないから,ボール使っていい？」
　体育館でのボールの使用は曜日によって上学年使用の日と下学年使用の日に分けられていました。ボールの数が限られていることと,安全面への配慮により,体育委員会の児童が決めたルールです。
　その日は上学年の日,2年生はボールを使えない曜日でした。そこで,
　「今日は上学年の日だから,使えないですね」
と答えました。しかし,子どもたちの言い分は続きます。
　「でも,誰も使っていないんですよ。今,ぼくたちしかいないのに,なんでだめなんですか」
　「誰か来たらやめるから。それまではいいでしょ！　ねえ先生お願い！」
　私はそれを聞いて,(確かに誰も使っていない体育館なら,ボールを使っても誰にも迷惑をかけないか。この子たちもそれで満足するだろう…)と,そんな気持ちになりました。
　「では,今だけですよ。他の学年の人が遊びに来たら,すぐにボールを片付けてくださいね」
　子どもたちは,「やったー!!」と大喜びで体育館へ行きました。
　さて,しばらくしてまた他の子どもたちが教室へ舞い込んできました。体育館でけんかをしている,と。私は,2年生がボールを使っていたために,他の学年に注意をされトラブルになってしまったのだろうと思いました。そして,すぐに体育館へ向かいました。
　しかし,トラブルの構造は,私の予想とは全く違ったものでした。けんかの

相手は，隣のクラスの２年生だったのです。

- 👧：「先生！　今日は使っちゃだめな日なのに，この子たちがボールで遊んでます！」
- 👦：「やめろって言っても，やめないんですよ！」
- 👦：「だって，先生がいいって言ったもん！」
- 👦：「なんで，２組はいいんですか？　ずるい！」

　こんな調子です。
　そして，隣のクラスの子どもたちは，自分たちの担任に直談判に行きました。
「２組だけずるい。私たちもボールで遊びたい」
　私が招いた混乱は，子どもたちだけでなく，職員にまで及んでしまいました。誰にも迷惑をかけないなどと思っていた私の判断は，大間違いでした。私は，自分の失敗を隣の担任に謝りに行きました。そこで，先輩教師は私に言いました。

> 　今日だけ OK というのは，まずかったね。ルールは簡単に変えたらいけないよね。子どもたちも勝手にルールを変えるようになるよ。

　そうです。私がやったことは「赤信号だけど車がいないから渡っていいよ」と言うのと同じでした。
　一度そう言ってしまったら，後になって，「やっぱり信号が赤の時は止まろう」と言っても，定着は難しいでしょう。それに気が付いて，自分の身勝手さがとても恥ずかしくなりました。
　今思えば，児童会で決めたルールを徹底させることこそ，集団の秩序を守り，子どもたちを守ることだったのです。

(2)　学校のきまりを守る

　ルールを守る大切さが身に沁み，ルールの定着のために，よりよい方法を探

すようになった私でしたが、ルールは一度言えば守るということはなく、定着が難しいものもありました。

　学校で、当たり前に言われている定番のルールも、その一つです。例えば、「廊下を走らない」というようなものです。

　安全に関するルールですから、何年生であっても必ず守る必要があるのですが、低学年の子は急いでトイレやグラウンドにまっしぐらで走ることがありますし、高学年の子は、「このぐらいいいだろう。今まで廊下を走って怪我をしたことないし」という甘えも見られます。

　以前私が勤めていた学校では、みんながそのルールを知っているのに、徹底しないルールの代表格でした。

　そんな時は、「守らせる」ことに意識を向けるのではなく、守れている状態に目を向ける声かけをしてみます。

　「廊下を走る人が少しいるけど、ほとんどの人は歩いていていいですね。低学年のお手本ですね！　今年、廊下で怪我をする人がいないのは、みなさんのおかげですね！」

　終学活でも、時々指摘します。毎日だと監視しているようなので、時々がいいようです。

　「今日はすごくいいことがありました。私は今日１日で、廊下を走っている人に一人しかすれ違いませんでした。本当にうれしいです。みんな、全校のお手本になってくれていてありがとう。走らないということは、急いでいないということですからね。時間を見て行動している証拠ですね。さすがですね。また、みなさんの素晴らしいところを見つけました。これからもよろしくお願いします」

　考えつく限りの意味づけをして、ほめまくります。

　こう言うと、何人かは「しまった。走ってしまった一人というのは自分だ」と思い、気まずそうな表情を見せます。

　私が見ていないところで走っている子もいるので、走ったのは一人ではないかもしれません。しかしここでは、走った子が自分で「あ、自分のことだ」と

気付き，気まずい気持ちになればよいのです。
　「走った人は立ちなさい」と言って叱るよりも，この気まずい気持ちを味わう方が，次の行動を変えるために，はるかに効果的だと思います。
　全体をほめまくり，ルールを破りづらい状況をつくりながら，望ましくない行動には「先生は気付いてますよ」くらいの指摘が一番，自ら気付くことができたようです。

(3) 聞き方の定着

　授業中に必要なルールはたくさんありますが，優先的に指導するものは，「話の聞き方」だと思います。どんな活動をするにせよ，指示や説明が聞けなければ，子どもたちの活動はスムーズに進みません。
　ここでは，教師の指示が一度で全員に通ることを目指し，話の聞き方が定着するためのポイントをまとめます。

① 意識を向けさせる

　話し始めは，まず話す人に注目させます。注目のさせ方は，「静かにしてください」などの注意でなく，何か合図を決めておくとよいです。
　私は，「お願いします」と言うのが，話がある時の合図と決めていました。新学期にこのルールを伝え，何度も同じ言葉で繰り返すうちに，「お願いします」と言うと，黙ってこちらを見るようになりました。

> ・こちらを向いてくれてありがとう。話しやすいです。
> ・今日も私の喉が痛くならずにすみます。ありがとう。

と，静かにこちらを向いた時には，子どもたちに感謝を伝えました。感謝の言葉で言われると，自分たちがなぜその行動をしなければいけないのか，子どもたちに伝わりやすいようでした。
　子どもたちの注意がこちらに向いたら，聞くことに意識を向ける指示を出します。

・1回しか言わないので,よく聞いてください。
・三つのことを連絡するので,よく聞いてください。
・丸(句点)がいくつあったか,指で数えながら聞いてください。
・あとで話してもらうので,よく聞いてください。

などです。そして,話を聞き終わったら,

・1回で伝えられたので,活動の時間がたくさんとれますね。
・三つの連絡を言えますか。よく聞けましたね。
・丸の数はいくつでしたか。近くの友達と確認しましょう。
・隣の人と,連絡の内容を確認し合ってください。

と,聞けたことを確認し,ほめたり認めたりします。

こうすることで,ただ静かにしているだけでなく,話の内容に注意して聞けるようになります。そして,よく聞いてよかったという経験をしながら,聞き方を身に付けていきます。

② 途中で話してしまう子がいたら

話を聞くことができた時には「聞けてよかった」と思わせることが大切と述べました。反対に,最後まで話を聞けなかったら「話を最後まで聞かずに損をした」という経験をすればよいのです。

もしも,全く関係のない話をしている子がいたら,教師は黙って待つのがよいです。「聞いていないので話しにくい」ということを態度で示します。

そして静かになったら,「今,30秒無駄にしてしまいました。みなさんのおしゃべりで時間を使った時には,その分だけ授業が延びますが,よろしくお願いしますね」と笑顔で伝えます。

そして授業の終わりに,「今日のロスタイム分」として,問題を数問やります。これを何度かやっていると,話の途中で私語を始める子がいても,周囲の子どもが「静かにして。ロスタイムだよ」などと注意をしてくれるようになります。

もちろん，こう言うためには，教師も日頃から時間を守っていることが前提です。教師の都合で授業を延ばした場合は，その分の休憩時間は確保するようにします。

　また，話の途中で，思いついた質問や関係のある話をすぐに口に出してしまう子がいます。「先生，それって…」「先生！　ぼくもねー…」のような不規則発言です。その場合は，その子に目だけ向けておいて，その場ではすぐに答えずに後で答えるようにします。

　③　聞く時間の終わりをはっきりさせる

　①で，話し始めの合図をするということを述べましたが，終わりの合図も必要です。「以上です」「お話終わりです」などの言葉で，集中して聞く時間の終わりをつげます。

　子どもたちは，聞く・活動する・休むなどの時間が，はっきりと分かれているとメリハリをつけやすくなります。

　私が使っていたのは，「どうぞ」という言葉です。「お願いします」で始まり，「どうぞ」で次の動作へ移ります。このように，

> 決まった時に同じ言葉を使う

ことで，習慣づけることができました。

　①から③までを使った話し方の例を挙げると，以下のようになります。

> 　お願いします。
> 　（子どもたちが注目したら）今から，次の時間の調理実習の準備について説明します。
> 　三つのことを言うので，よく聞いてください。
> 　一つ目，トイレと手洗いを済ませてからエプロンを着けます。
> 　二つ目，教科書はじゃまになるので，班の誰か一人だけが調理台の上に出します。
> 　三つ目，今日使う器具をすべて調理台に用意したら，座って待ちます。

> 質問はありますか。
> よく聞いてくれてありがとう。三つとも言えますか。さすがですね。
> 私は今の説明はもうしませんので,忘れてしまったら友達に聞きながら協力して進めましょう。誰かが必ずわかりますからね。
> では,どうぞ。

子どもたちは,説明を聞く間は動かずに聞き,「どうぞ」の合図で,一斉に活動に入るようになっていくと思います。

(4) 人間関係のルール

子ども同士が気持ちよくかかわっていくためには,人間関係のルールが大切だと思います。けれど,日々の生活を考えてみると,思いつくだけでもたくさんのルールが必要に思えてきます。

私が新任教師だった頃,子どもに怪我をさせないように,トラブルを起こさせないように,とルールをたくさん決めていました。

> ・相手がやめてと言ったらやめる。
> ・他人の物を勝手に借りない。
> ・仲間はずれにしない。
> ・遊具は順番に使う。
> ・暴力をふるわない。
> ・仕返しをしない。

などなど,何か起きるたびに短冊に書いて貼っていました。しかし,増える一方で,きりがないのです。子どもの行動と,イタチごっこです。

そして,そのような指導をしているうちに,人間関係をルールで管理することは難しい,ということに気が付きました。

そして,子どもたちにどのように行動してほしいのか,気付いてほしいことは何なのか,考えました。すると,どんな人間関係のルールも,

> 相手を傷つけないため
> 自分を大切にするため

につくっていたことに気が付きました。

　それから私は,「友達をわざと傷つけるようなことはしない」「自分を大切にする」ということを,大きなルールとしました。

　「傷つける」というのには,心も体も含んでいます。だから,乱暴な行動をした時や,好ましくない言葉を使った時,それは相手を傷つけていないか,よく考えさせます。そして,相手を傷つけることが,果たして自分のためになっているのか,考えさせるようにしました。

　ルールを示したからといって,すぐに模範的な行動ができるようになるわけではありません。それでも,何度も何度も繰り返し考える機会をもつことで,少しずつ行動が変わっていったと思います。

(5) 叱ることもある,謝ることもある

　ルール指導では,できたらほめ,ルールを守ってうまくいった体験を積ませます。しかし,約束しておいたルールが守れなかった時,厳しく叱ることがあってもよいと思います。また,学校のルールを破った時,担任が校長先生に「うちの学級の子が,すみませんでした!」と頭を下げる姿を見せることもあってもよいと思います。

　いつも笑顔でほめてばかりではいられません。大事なのは「ルールはあなたたちを守るためにある」という考え方を忘れずに叱ることなのではないかと思います。

(岡田　順子)

7 安心感・所属感を育む集団づくり
～学校生活スタートライン～

1 子どもたちの笑顔のために

　河村茂雄氏（2014）は、「家庭や地域社会での体験学習が不足がちであることで、児童生徒の人間関係を形成する力の低下が深刻になっている。教師は児童生徒の個の発達を促すために、学級の人間関係をどう育成し、どのように学級集団づくりをしていけばいいのかを考え、実行する力量が問われている」と著わしています。

　これまでに、「集団をつくる」ことの真の意義を考えるきっかけがいくつもありました。中でも大きな転機が、初めて6年生の担任をした時です。いろいろな生徒指導上の問題がありました。いじめ、金銭トラブル、万引き、別室登校など教室内外での問題です。当時をふり返り、今ならもう少し違うアプローチができると思うと、当時の子どもたちに謝りたい気持ちでいっぱいです。子ども同士のクラス集団としての関係づくりにおいて、縦糸と横糸をうまく紡げていませんでした。

　以来、「子どもたちの笑顔のために、同じ轍は踏まない!!!」ということを心がけています。「群れから集団」へ学級を成長させていく担任の明確なビジョンが必要なことはもちろんですが、それと共に、子どもたちとそれを共有して、合意形成を図りながら実践していくことが何よりも大事だと感じています。そして、それを支えるのは、教師と児童との個人的な信頼関係の上に成り立つ、児童同士の良好な関係性です。

　そこで、私は、失敗からいろいろ考えてきたことをもとに、安心感・所属感を育む集団づくり（低学年）の実践を紹介します。

2 低学年で安心感を育む（1年生の実践）

(1) 忘れ物指導

　学級集団づくりは，教師と子どもの関係性を築くと同時に，教師と保護者との関係性を築くことが大事です。特に，第一子のお子さんの入学の場合は，保護者の方々にとっても初めてのことだらけです。そこで，学年通信を利用して，担任としての願い，指導の意図，子どもたちの学びの様子を機会あるごとに発信していきました。

　1年生の4月は，小学校生活のスタートです。学級でのルールももちろん大事ですが，学校生活のルールの指導と定着を図ることも大事です。そこで，

> 学校でのルールは，お便りを通じて保護者のみなさんへの共通理解を図る

ことを心がけました。

以下，４月の学年だよりに載せたこと　一部抜粋

保護者の皆様へ
　学習環境を整えるためには，初めが肝心です!!!
　小学校では，「忘れ物０」になるよう全校で指導しています。

★時間割や道具をそろえるところから，習慣づけていきましょう。
　　初めは，おうちの方が一緒に確認しながらそろえさせてください。
　　（大人がすべてやると，どこに何があるのか子ども自身が把握できません。最終的に子どもたちが自分でできるようにするための第一歩です。）

★慣れてきたら，一人でやらせてみてください。
　　その後，おうちの方が必ず確認をしてあげてください。
　　できていたら，３割り増しでおおげさにほめてあげてください!!!「やればできる」「自分一人でできた」という自信がつきます。うっかり忘れているものがあれば，「サザエさんになっちゃうよ～」と笑いとばして一緒にそろえてください。

★大人の確認がなくても，子どもたちが自分で確認しながらそろえられるようになるのがベストです。いきなりできるものではないので，ご協力よろしくお願いします。

★忘れ物はなるべく届けないでください。子どもたちは，失敗経験からも多くを学びます（忘れた場合，ノートや筆記用具などは貸します。その際，忘れ物をしないためにどんなことに気を付けるかを話せるようにしていきます）。

★一人で道具をそろえることができるようになる過程には，個々のペースがあります。学校でも，子どもたちがどの段階なのかじっくり見て，忘れ物０の

指導をしていきます。
※筆箱は，鉛筆が１本１本収納できるものが望ましいです。中身が一目瞭然であるだけではなく，収納場所が決まっているので，使ったら元の場所に戻す習慣もつきます。
※学習に必要ないものは持たせないでください。
※すべての持ち物に記名をしてください。

　① 　ルール指導の実際
　忘れ物をした児童を叱って，その子の忘れ物が減ったとします。その子が忘れない理由の動機は「先生に叱られたくないから」になると思います。そうすると，「叱られないからいい」「叱られるからルールを守る」という子どもの中で基準ができてしまいます。
　そこで，「なぜ，忘れ物をしてはいけないのか」を子どもたちに考えてもらいます。１年生の子どもたちは，「忘れると自分が困っちゃうよ」「みんなと一緒にやりたいけど，忘れ物があるとできないかもしれない」「ねんどなら，貸してもらえるけど，友達が使えなくなっちゃう」などと言います。忘れないことが大前提ですが，忘れ物をすることは誰にでもあります。そんな時，どう対処すればいいのかをまず初めに子どもたちに語ります。そして，

忘れ物をしてしまった場合は，休み時間のうちに先生に伝えて，どうするか一緒に考えます。

　対応も，子どもの実態に応じて以下のように，変えていました。
　　子ども：〇〇を忘れました。〇〇を貸してください。
と，言いに来たとします。頻度によって，その子への声かけや対応を考えます。

教師：(1)　気を付けようね。（声をかけて，貸せる物は貸す）
　　　(2)　どうしたら忘れないようになるかな。（問いかけ一緒に考える）
　　　(3)　ランドセルの内側に，メモを貼るという，とっておきの作戦がある

>   けど，やってみる？（促す）
> (4) おうちの人に，お願いする。（カードまたは連絡帳に書く）

　どんなに家庭と連携を図っていても，忘れる子がいると，子どもたちの活動が滞ってしまいます。そうならないように，私は教室に予備を置いていました。これは，同僚の先生に，「どんなに指導しても忘れてしまう子には，それなりの個別支援をしていく必要があるよ」と教わったからです。

> **教室に置いておいた忘れ物対策品**
> 鉛筆，赤青鉛筆，消しゴム，定規，下敷き，お手紙を入れるファイル，マイネームペン，ノートのコピー，なわとび，わりばしなど

② 失敗しそうなところ，成功させるコツ

　私は，授業時間中に忘れ物を言いに来た時には叱っていました。それは，休み時間のうちに準備をしていないからです。そして，何よりも，授業中に言いに来ることによって，みんなの活動が中断してしまうからです。

　学校によって，音読カードと忘れ物を書く欄が一緒になったもの（音読生活習慣カード）を使用している学校があります。全校で取り組みの指示が統一している場合は，家庭へ連絡する手段としては，音読生活習慣カードを使っていました。

子どもも保護者も反応がよく，その後，忘れ物が減ったケース

　1週間の中で1日に5人～6人の連絡帳を集め，直近の子どもたちのよい表れをおうちの人向けに書いていました。一度に30人近くは時間の捻出が難しくても，1日5人なら隙間の時間に書けます。また，お便りで，子どもと保護者との間で，シールの意味を共有しました。「シールを貼った日は，そのシールをおうちの人に見せて，お話するんだよ」という具合に子どもたちに話しました。みんなのために頑張っていたり，進んで挨拶をしていたり，きらっと光る行いをしている時にごほうびで貼っていました。「これは○○で△△の時にもらったシールだよ」「これはね～」と，おうちの人に学校での様子を自分で話

せるようにするためにやっていました。その連絡帳に，その日のいい表れと，「○○の確認お願いします」を書くと，必ずおうちの人に届きます。

(2) 挨拶指導

いろいろな折にふれて挨拶をするのは当たり前のことと思っていました。しかし，初任2年目で2年生を受け持った時の国語の時間のことです。『あいさつのみぶりとことば』（学校図書）という教材文を扱った際，初めの感想に，子どもたちから「あいさつを何でするのかな」「昼間に人と人が会うと，なぜこんにちはというあいさつになるのだろう」「なんで言葉はちがっても，あいさつの気持ちは同じなのかな」「なぜ，あいさつというものができたのかな」という文が出ました。以来，私は，「挨拶の意味」を子どもたち自身が考え，実践していく指導が大切だと考えています。

4月に，挨拶の練習をします。挨拶するのに練習が必要なのかと思うかもしれませんが，「みんなが気持ちよく過ごすため，友達と仲良くなるため…」など，挨拶をする意味をみんなで考えて，行動できるようにしていきます。

① ルール指導の実際

・場面を捉える
・教える
・練習してみる（教師と全体 ⇒ 隣同士で ⇒ 全体で）
・実際の場所でやってみる
・継続してやる，実践の場

1年生の子どもたちが，挨拶の意味を考え，必要感をもち実践できるようにするために，段階を踏みました。

② 失敗しそうなところ，成功させるコツ

小学校でのルールを身に付ける初めの一歩です。

(1) 教室に入る時の朝の挨拶

～お便りから一部抜粋～

> **きらきら**
>
> 平成25年度
> 沼津市立戸田小学校
> 1年　学年便り
> H25．4．24
>
> ～校長先生や教頭先生に、自己紹介をしよう～
>
> 4月のはじめに、保健室の利用の仕方や職員室への入り方を練習したり、校長先生、教頭先生方に「自分たちのことを知ってもらおう」と、自己紹介をしたりしました。5月からは、日直当番さんが職員室の学級ポストの手紙を取りにいきます。ポスト係を作らなかったのは、1年生全員に、職員室入室の仕方（自分の名前と用件を言って入室する）実践の場を設定したかったからです。

(2)　職員室の出入りの仕方（挨拶，学年，自分の名前，用事を言う）
(3)　保健室の利用の仕方

(1)　『どちらが，友達パワーが出るかな？』
　　朝，教室に入る時，

> A「おはようございます」と言ったら，教室にいる人が何も返さない
> B「おはようございます」と言ったら，教室にいる人が挨拶を返す

　二つの場面を比較し，実際にやってみます。すると，もちろんですが，子どもたちは，「おはようが返ってくる方が，元気が出る。うれしい気持ちになる」という感想をもちました。その後で，1班ずつランドセルを背負って挨拶をして教室に入る・教室にいる子は挨拶を返すという，実際の行動をやってみます。
(2)　職員室ツアー

第2章　集団をつくるルールと指導　失敗しない定着のための心得　101

担　任：「校長先生の名前，教頭先生の名前を覚えているかな？」
子ども：「○○校長先生です。△△教頭先生です」
担　任：「素晴らしい!!!　みんな，すぐに覚えたんですね。
　　　　○○校長先生や△△教頭先生たちも，１日でも早くみんなの名前を覚えたいと言っていたよ。みんな，こんなの，見たことあるかな？」
（名刺をみんなに見せる）
子ども：「あるよ〜。お父さんが持っているよ。お母さんがお店でもらっていたよ」
担　任：「これは名刺といって，はじめましての挨拶をする時に使うよ」
子ども：「先生，ぼくたちも名刺をつくってみたいなぁ」
担　任：「じゃ〜ん（と言って，大きい名刺を出す）。
　　　　使い方の見本をやりたいな。
　　　　誰か，校長先生役になってくれるかな」
子ども：「は〜い」

　というやりとりをして，自分の名前，自分の好きなものを話した後に，「○○先生の好きなものを教えてください」と話し，双方向のコミュニケーションの見本をします。「ジャンボ名刺をつくりたい」「校長先生や教頭先生に，自分のことを知ってもらいたい」という気持ちをふくらませてから，名前を書く練習をしました（４月ですので，机の上に貼ってある自分の名前を見ながら，子どもたちはジャンボ名刺に名前を書きました）。
　全員で，ジャンボ名刺を作成して，完成したら，ペアで自己紹介をしあいます。「どっちが校長先生役になる？」とか「私，教頭先生の役をやるね」といった感じで，子どもたちはのりのりです。
　その後，職員室の入室の仕方を全員に示して，言って見せ，やって見せたら，子どもたちも実際を想定して練習します。たっぷり練習したらいよいよ，職員室・校長室へ行きます（実施した時は，校長先生は廊下にいたので，その場で

挨拶をして自己紹介していました）。また，職員室にいた教頭先生は，1年生がやった順番で，ネームプレートを見せながら，子どもたちに名前を言って好きなものを話してくれたり，子どもたちに質問を返してコミュニケーションの楽しさを教えてくれたりしました。

3 学習環境　お道具箱の整理整頓

(1) ルール指導の実際

　子どもたちが，学習環境を整える（お道具箱の整理整頓をする）よさを実感できるように，モデルシートを配り，実践しました。

　1年生の子どもたちの学習環境を整えるために，まずはお道具箱の整理整頓から始めました。どこに何があるのか一目でわかるように，シートを見ながら，入れていきました。整頓する習慣をつけていくと，算数ブロック（磁石になっているブロック）を使った後，なくさないで片付けられたり，必要なものをすぐに取り出したりできます。後は，お道具点検を隣同士や班ごとに行っていました。

```
せいりせいとん
　ワン　ツー　スリー！！！
① ② ③

おどうぐばこに　かならず　いれる　もの
・クレヨン
・さんすうブロック
・けいさんカード
・のり
・はさみ
・カスタネット
・明るい声で

そのほか・・・ポケットティッシュ
```

(2) 失敗しそうなところ，成功させるコツ

　学校での生活習慣を確立するために，よい見本を見せる，一緒にやる，できている子を大いに認め，継続できるように，ふり返り項目を提示し，機会あるごとに意識していきました。「みんなができた」ことが可視化できるよう一覧表にシールを貼って，シールがたまると，クラスでミニゲームをやっていました。

できているかな？　てんけんしよう‼
① 　あさ１ばんに，しゅくだいを出しているかな。

② れんらくぶくろを　じゅんびしているかな。
③ ノートをつかうときは，月日・よう日をかいているかな。
④ じょうずな字をかくために　下じきを　つかっているかな。
⑤ つぎのじかんの　じゅんびをしてから　休みじかんにしているかな。
⑥ 1ぷんまえちゃくせきが　できているかな。
⑦ わすれもの0・わすれものをしたときは，じゅぎょうがはじまるまえの休みじかんのうちに　いえるかな。
⑧ つくえ・いす・おどうぐばこ・げたばこ・ロッカー・トイレのスリッパなどせいとんができているかな。
⑨ そうじじかんに　「もくどう※」をして　学校も　じぶんのこころもピカピカにしているかな。
⑩ げんきなあいさつや　ていねいな　ことばづかいで　ともだちパワーをふやしているかな。

※黙動清掃…静かに掃除をして，自分の分担場所が終わり次第，他を手伝ったりできることを探して時間いっぱい掃除する取り組み。

4 聴くことのルール

　私は，「聴く」指導を大事にしています。それは，「聴く」ことは，相手を思う気持ちが表れるからです。

(1) ルール指導の実際：読み聞かせ・本の紹介（朝の会）で
　授業の中でも話す・聞くの指導は継続して行いますが，私は年間を通して「読み聞かせ」を行うことで，「聴くこと」の習慣をつけていきました。
　4月から，朝読書の時間には教師からの読み聞かせを行っていました。学校体制でも，朝読書を充実させています。図書指導担当だったので，学校図書館だよりを発行し，読書活動に対する理解と協力を職員・保護者から得られるようにしました。本を媒介とし，子どもたちのつながりが広がり深まります。

朝の会のスピーチでは，おすすめの本を紹介する期間を設け，子ども同士が本を媒介に「聴く」場を設けました。読み聞かせを楽しみ，友達とのペア読書を楽しみ，子ども同士の本の紹介を楽しむ中で「聴く」という力が育っていきました。

　　　読み聞かせ　　　　　　　　ペア読書　　　　　　　朝の会スピーチ

(2) 失敗しそうなところ，成功させるコツ

　子どもたち自身が，「聞くこと」を大事にしていくことで，互いに「聴く」構えができていきます。すると，「聞いてもらえる安心感」が子どもたちの中で生まれ，いろんな場面で，子どもたちの心の距離も，物理的距離も近づいていきます。そのためには，いつでも教師自身が子どもたちの話に興味関心をもって聴く姿勢が大事です。私は「聞いていない状態」を指摘するよりも，「聞いている子」を，認め励まし積極的に声をかけていくことを心がけています。

いろいろな場面で聴いてもらえる安心感

どこでもドアを開けるとドラえもんが出てきます。

ここからお金を取り出せます。

台を持ち上げるとお金を入れることができます。

それと同時に，教師の「聴く」姿勢が子どもたちにも伝わり，子どもたち自身も，友達のいいところみつけ（帰りの会の「きらっとさん」紹介）をしていくので，「聴く」ことに対してプラスの連鎖が生まれていきました。
　子どもたち同士がかかわる中で，かかわりがあるからこそ，けんかもトラブルもあります。そこを集団の中で，一つ一つ，子どもたちの気持ちを聴いて，ほぐして，子ども自身が相手の話を聞いて納得するように，子どもたち自身が解決できるように支援していくことで，個も集団としても成長していくことができたと思います。

　3学期にクラスの歌を作ろうと，子どもたちからキーワードを募りました。出されたキーワードは，低学年の集団づくりで大事にしていたことです。子どもたちが心にとめていてくれたことが，わかりました。それらをつないで歌詞にし曲をつけたものを，クラスみんなで歌っていました。

クラスの歌♪

　　　　　　　　　　　　　　作詞：みんなと先生　　作曲：先生

　　　　　　～キラキラ★スマイル　1年生～

こころにまいた　やさしさの　たね　ともだちパワーで　たすけあい
みんなの　えがおの　花がさく　まい日の　中で　日々　せいちょう
けんかもするけど　なかなおり　みんなの　えがおは　ともだちを
あったかい　きもちに　させるのさ　キラキラ★スマイル　キラキラ★スマイル
いつまでも

（濱　　弘子）

【参考・引用文献】
河村茂雄『学級集団づくりのゼロ段階』2012，図書文化
河村茂雄『学級リーダー育成のゼロ段階』2014，図書文化

8 有言実行！あの手，この手で腑に落とす

1 自他の存在を大事にするためにルールがある

(1) 安心の上にある「みんなちがって，みんないい」

　ジャイアンのようなやんちゃな子，出来杉君みたいな優等生。しずかちゃんみたいなしっかり者や，スネ夫のようなおぼっちゃまタイプ。そして，のび太のような気が弱くて勉強も運動も苦手…というタイプ…。

　教室には，実にいろいろな子がいるものです。全員顔が違うのと同じように，性格も能力も嗜好も価値観も人それぞれ。

　一人一人みんな違うのだけれど，その違いを否定されることなく，どの子も自由に伸び伸びと精一杯学校生活を送る…学校は，こうあってほしいと願います。でも，

　「こんなことを言ったら，ばかにされるかも」

　「一人だけ頑張ったら，浮いちゃうかなあ」

という不安があれば，自由に伸び伸びとはふるまうことはできません。

　人と違った自分だけれど，みんなが認めてくれる，受け容れてくれる，応援してくれる，そんな安心感があるからこそ，自由に自分を表現し，力を伸ばそうと思えるものです。

(2) 自由はルールという枠の中でのみ成立可能

　あなたが自由に街を歩く時，あなたが自由に車を運転する時，それは本当に「自由」なのでしょうか。

　街を歩く時，車道を歩いてはいけません。ナイフをふりかざして歩いたり，大声で叫びながら歩いたりするのだってダメです。しかし，あなたには，好き

な時に好きな服を着て，好きな人と（あるいは一人で）街を歩く自由があります。

　車を運転する時，反対車線を走ってはいけません。ものすごいスピードで走ってもいけないし，信号が赤なのに突き進んでもいけません。でもあなたには，好きな車で好きな曲を聴きながら，好きな道を通って，車を運転する自由があります。

　つまり，自由とはルールの中で成立するものであり，無規制の中では成立しえないものなのです。ルールがあるからこそ，安心して街を歩いたり，安全に車を運転したりする自由が保障されているのです。

　教室も同じです。ジャイアンが殴るのもスネ夫が一緒に苛めるのも自由，しずかちゃんと出来杉君が見て見ぬふりをするのも自由であれば，のび太の自由はいつ，どのように保障されるのでしょうか。

　自由な学級とは一部の子が自分勝手にふるまうことではないのです。全ての子の自由が保障されるには，暴力はいけないとか，困っている友達は助けようとか，そういう「ルール」が要ります。ルールによって安心できる環境であるからこそ，どの子も自由に伸び伸びと精一杯学ぶことができるのです。

(3)　ルールを守ることは他者の存在を畏れ敬うこと

　「刃物を所持しない」というルールを破って，ナイフを振りかざして歩いている人とすれ違いました。どう思いますか。

　「左車線を走る」というルールがあるのに，右車線を運転する車が後を絶ちません。あなたは，どう思いますか。

　ナイフを持った人に出会えば，身の危険を感じますよね？　恐ろしくて街など歩けないと思いますよね。母親は，外に出たいと子どもが泣き叫んでも，絶対に家から出さないでしょう。

　交通規制を守らなければ，世界は事故だらけです。もはや，好きな時に好きな道を運転することなどできなくなるのです。

　つまり，ルールを破れば，他者の自由を奪うのです。翻っていうと，ルール

を守ることは，自分を含めたみんなの自由を守るのです。

　ルールを守ることは，他者の自由を尊重することです。他者の自由を尊重することは，他者の人権や存在を尊重することです。ルールを守ることと他者の存在を畏れ敬うことは同じであることを，ルールを教えることを通して，私は子どもたちに伝え考えさせたいのです。

　なぜなら，ルールを順守する人に育てたいのではなく，ルールを守ることを通して他者を大事にできる人を育てたいからです。

　ルールだから守るのではなく，友達が大事だからルールを大事にしようと思えた時，学級は，一人一人を大事にできる集団へと成長するのだと考えています。

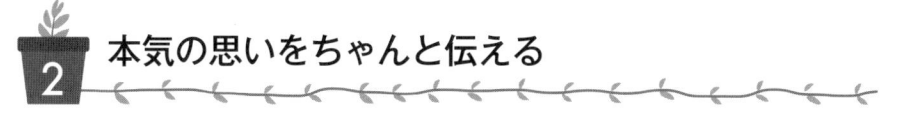

2　本気の思いをちゃんと伝える

「愛の対義語は憎しみではなく無関心です」

　これは，あまりにも有名なマザー・テレサの言葉です。無関心とはつまり，関心をもってもらえないこと。自分が苦しんでいても，嫌がっていても悲しんでいても。それは，自分の存在を否定されていることと同じではないでしょうか。

　クラスの仲間が悲しんでいる時，悔しがっている時，無関心ではなく，感情を共にし寄り添える学級集団になってほしいと私は思います。そこにまるでいないかのように扱うのではなく，一人一人が血の通った人間として関心を払われ，大事にされるべき集団であってほしいと思うのです。

　そのために，私は，次のことを学級の大事なルールとして位置付けています。

・絶対に暴力をしないこと
・人の話をちゃんと聞くこと

　どちらも当たり前のことで，どの教室でもよく掲げられているルールです。しかし，掲げているだけで，内実は守られずに横行しているという現状も少な

くないように思います。

　他者を尊重する上で，この二つは本当に大事なことです。ですから，このルールの意味を，一人一人が噛みしめながら生活できるよう指導していきます。

(1) 暴力は絶対にダメというルール

> 基本的な考え方…自分だってされたら嫌でしょ？

　子どもは安易に人を叩いたり蹴ったりします。「きもい」「うざい」「死ね」と暴言を吐いて他人の心を傷つけます。

　欠けているのは，想像力です。自分だって，叩かれれば痛いし，暴言を吐かれたら傷つくはずです。でも，相手の立場に立って慮ることをしないで，その場の感情を処理するために殴るのです。深く考えることなく平気で暴言を吐くのです。

　そもそも，子どもとは，自分をメタ認知することができないものです。だからこそ，教師は全体像を見せ，起きていることを解説してやらねばならないのです。

　自分の行為が相手をどんなに傷つけているか，どんなに痛みを与えているか，それによってどんな気持ちになっているかを想像させるのです。そして，相手の立場に立って省みることができるよう指導しなくてはならないのです。

> 初期指導…徹底的に相手目線で考えさせる

　4月。学級開き。一人一人の命はかけがえのないものであることを伝えます。（高学年実践例・堀裕嗣氏編，「THE　教師力」編集委員会著『THE　学級開き』，低学年実践例・赤坂真二氏編著『学級を最高のチームにする極意　一人残らず笑顔にする学級開き　小学校〜中学校の完全シナリオ』（いずれも明治図書）に掲載）

　その後，「暴力（言葉の暴力も含む）を先生は絶対に許さない！」と宣言し

ます。そうすると，必ず次の質問が返ってきます。

・仕返しは正当か？
・ふざけていたり，遊んでいたりしてもだめか？

　答えはもちろんNO。理由を次のように語ります。
《仕返しは正当か？》
　もし，あなたのお母さんが，誰かに叩かれているのを見たら，あなたは平気ですか。
　「だって，あなたのお母さんが先に殴ったから仕方ないよね？」
と言われたら，納得できますか？　あるいは，「死ね」と言われているお母さんを見て，あなたは何も感じませんか？
　苦しいでしょう？　悲しいでしょう？　やめてくれ，って止めるでしょう？自分の大事な人が傷つけられることは，とっても苦しくて悲しいことですよね。みなさんのお母さんだって同じです。自分の命よりも大事な我が子が傷つけられるのは，悲しいし苦しいのです。耐えられないのです。
　あなたが殴られたらあなたのお母さんが悲しむように，あなたに「仕返しだぞ」って殴られたA君のお母さんだって悲しいのです。だから，たとえ仕返しだからと言って，暴力が許されるわけではないのです。

《ふざけ，遊びならよいのか？》
　いじられキャラのお笑い芸人Tさん。あるテレビ番組で「きもい」「きもい」と言われ，会場は笑いの渦。しかし，その場に居合わせたTさんのお母さんは，静かにこう言いました。
　「みなさん，そんなにきもい，きもい，と言わないでくださいよ。私がお腹を痛めて産んだ子ですよ」
　芸人だから，「きもい」と言われるのも仕事のうち。お母さんだってそのことはよくわかっていたはず。それでも言ってしまったのは，たとえ仕事でも我が子が暴言を吐かれるのは見ていられなかったから。

たとえ，ふざけや遊びであっても，大事な人が叩かれたり嫌な言い方をされたりすると，悲しいですよね。だから，やっぱりふざけでも遊びでも，暴力・暴言はだめなのです。

日常の中でどう指導を続けるか…見過ごさない

　始業式翌日。げらげら笑いながら「突っ込み」あって，頭を叩いている子たちがいます。
　あなたなら，どうしますか。

A・二人とも笑っているし楽しそうだから，そっとしておく。
B・暴力はいけない，やめなさいと指導する。

　何もせずにやり過ごしてしまえば，この行為は担任が認めたことになります。ふざけは許容範囲と受け取られ，その後どんなに注意しても聞き入れられることはありません。そればかりか，教師は本気で暴力禁止を訴えていたのではないとさえ思わせてしまいます。
　暴力指導だけでなく，教師の指導を真剣に考えたり従ったりする価値がないと思わせ，教師自身の権威を落とすことにもつながってしまいます。

！ここがポイント！

- 教師の言葉は，実行性を発揮した時に初めてその効力を発する。小さなことを見逃さずに，指導を積み上げていくことが鍵。
- 激昂して叱りつけるのは，教師が暴力でもって人を従わせようとしているのと同じ。これも同じく教師の言葉の重みを失わせ，信頼を失うことになる。
- 「くどくど説教」「叱りっぱなし」もNG。暴力に至る経緯や言い分を聞くこと。行為については反省を引き出し，経緯については理解や共感でもって寄り添う。

(2) 人の話をちゃんと聞くというルール

> 基本的な考え方…ちゃんと聞いてくれたらうれしいでしょ？

「傾聴」という言葉があるように，聞くことは耳を傾けることです。「傾ける」とは，力や気持ちなどを，ある一つの方向に向けることです（『ベネッセ表現読解国語辞典特装版』ベネッセコーポレーション　2008年1月）。

耳を傾けるとは，自分の気持ちを相手にのみ向けるということ。気持ちを向けるとは，相手の考えを理解しようとしたり，自分の考えと比べたりするなど，心を働かすことです。

つまり，ちゃんと聞くことは，相手を受け止め，受け容れ，認めたり違う意見をもったりすることで，相手と分かち合おうと努力することだと考えます。

人はみんな違った存在だけれども，聞くことによって互いを理解し合おうとします。

それは他者理解であり，他者の存在を大切にし合うことではないでしょうか。

教室で「ちゃんと話を聴く」ことは，友達を大事にすることと同じだと考えます。

> 初期指導…徹底的に「快」の状態を体感させる

新学期すぐに，自己紹介を行います。紹介内容を決めさせた後，話し方指導をします。

- 全員に顔がよく見えるように，前で立って行う。
- 全員に知ってもらうために，一番遠くの人にも聞こえるような声を出す。
- 聞きとりやすい話し方やスピードを工夫する。
- 聞いてもらうのだから，一生懸命に話す。
- 一人一人に語りかけるつもりで，一人一人の目を順に見つめながら話す。

これらは，聞き手が聞き取りやすい話し方であることを解説した後，次のよ

うに投げかけます。
「前に出て一人きりで話すのって，緊張するよね？　発表している時，どんな様子で聞いてくれたらうれしい？　安心する？」
すると，

・姿勢よく聞く。
・うなずいたりあいづちを打ったりしながら聞く。
・目を見て真剣に聞いてくれると安心する。

と返ってきます。
「では，それが本当かどうか，確かめてみましょう」
と言って，次の活動を指示します。

《安心する聞き方のエクササイズ①》
　まず，隣同士，ペアになり，向かい合って座ります。二人のうち一方が話し手，もう一方が聞き手になります。
　話し手は，「一番好きなゲーム」「うちのペット」など，自分が夢中になっていることや好きなもの，または，楽しかったことなどを30秒間話します。
　聞き手は，先ほどの「安心できる聞き方」と間逆の態度で相手の話を聞きます。つまり，だらしない態度で目も合わせず，手遊びをして…といった具合にです。
　次に役割を交代し，同じことを繰り返します。双方とも体験した後，どのように感じたかを話し合います。
　その後，「安心できる聞き方」（つまり，目を見てうなずきながら…）で同様の経験をさせ，感想をシェアします。
　たとえわざととわかっていても，話を聞いてもらえないと嫌な感情を抱きます。やはり，ちゃんと目を合わせて受け止めながら話を聞いてもらいたいよね，と確認します。

《安心する聞き方のエクササイズ②》

次に，円柱を見せ，どんな形に見えるかを尋ねます。

円柱は，真正面から見ると長方形だし，真上から見れば円。見た位置や方向によって見え方が変わるのです。

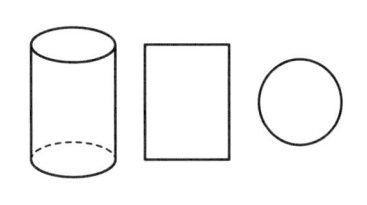

「同じものを見ても，角度や方向によって物の見え方は違いますね。つまり，人によって考え方や受け取り方が違うということですね」と話します。

そして，人それぞれの考え方や価値観を一方的に否定したりばかにしたりしないことが大事であることも確認します（実践の大部分は赤坂真二著『赤坂版「クラス会議」完全マニュアル』ほんの森出版　を参考にしています）。

よいと思う聞き方と話し方について全員で確認することにより，安心感をもって自己紹介をすることができるのです。

日常の中でどう指導を続けるか…気付かせる

朝の会。日直のＡ君が一生懸命呼びかけているのに，教室はざわざわしています。あなたなら，なんて呼びかけますか。

> Ａ：ねえ，Ａ君が一生懸命話しかけているのに，みんなはそれを無視するの？　そんなの，冷たいじゃない！
> Ｂ：Ａ君が話しているよ。ちゃんと聞きなさい！

この時，一人一人がＡ君の立場に立てば，じっと話を聞こうとするはずです。頭ごなしに「話を聞きなさい」と言っても，それは「聞け」と言われたから「現象」としてするだけ。Ａ君に心を向けたことにはなりません。従って，毎回同じことが繰り返されるのです。

私はこの時，子どもたちに問いたいのです。

Ａ君は友達じゃないのか？　クラスの仲間じゃないのか？　大事な仲間が話

しかけているのに知らんぷりするなんて，冷たいじゃないか，自分だったら悲しくないか，寂しくないか，と。

そして，君たちは一生懸命頑張っている友達に背を向けるような学級集団を望んでいるのか，頑張りたい人だけが勝手に頑張ればいいというクラスを目指しているのか，と。

「自分は何となく下を向いていただけだけれど，A君にとっては不愉快な態度だった」

「自分はおしゃべりしていたけれど，これはA君を傷つけていたんだ」

と気付くことができるから，聞く姿勢が変わるのです。言われたから聞くではなく，友達を大事にするにはどう聞いたらよいのかを自分で考えて聞く態度が育っていくのです。

> !ここがポイント!
> - ヒステリックになる必要はなし。但し，担任は一人一人の存在が大事にされる学級を望むという熱い思いは伝えるべし。
> - 言葉だけではダメ。日頃から，担任が一人一人を大事にする姿があるからこそ，この指導は子どもの心に響く。

（宇野　弘恵）

実際の話し合いの場面。話し手と聞き手が互いに尊重し合うと，あたたかで崇高な空気感をつくりだす

9 子どもたちに当事者意識を

　みなさんの学級にはどんなルールがありますか。

　採用5年目の春，私は大きな校務分掌を任されました。新しい仕事の提案文書作成へかなりの時間を費やしたことで，学級づくりに関する諸準備をほとんどしないまま，担任としてスタートしました。どこかに「学級は持ち上がりだし，なんとかなるかな」という甘い気持ちもありました。

　ところが，徐々にトラブルが発生し，その対応に追われるようになりました。6月に取ったQ-U[1]のプロットは拡散型でした。学級に満足している児童は半数を割り，言葉を含め，侵害行為がいつの間にか増えていきました。

　学級目標は掲げていましたが，その目標を達成するプロセスを共有しようという意識や仕組み，学級に安心・安全をつくるためのルールづくり，子どもの変化に気付く見取り…ふり返ると，いくつものことが欠けていました。

　苦しい1学期を過ごしました。このままではまずいと夏休みの校内研修で学級の事例を提供し，立て直しを図るために話し合いをもちました。

　スーパーバイズをしてくださった外部講師の先生に聞かれました。

　「先生のクラスの，これだけは…というルールは何ですか」

　私は，答えられませんでした。そうです。明確な学級のルールをつくらず，子どもたちにしっかり話さないまま，1学期を過ごしていたためです。

1 何のためにルールがあるのか

(1) ルールの必要性を語る

　私の学級づくりの失敗の要因の一つに，本来，学級にあるべきルールが明確にされていなかったことがあります。

　では，そもそも何のためにルールはあるのでしょうか。

学級や学校などある人数が一緒に生活する集団の中では、メンバーそれぞれが安心して生活するために一定のルールが必要です。
　例えば、人を傷つけることをしない、言わない、時間を守る、挨拶を交わす、場をきれいに保つなどなど…。
　また、本書で提案する、学級を「チーム」にするまでの集団づくりの過程は、次のような段階で考えています。(2)

> ①緊張期
> ②教師の指導優位期
> ③子どもの自由度増加期
> ④自治的活動期

　この③のような子どもの自由度増加期を迎えるためにも、ルールが必要です。人は、ルールがあることで安心して学べるし、活動することができます。互いに傷つけ合わない安心感のある中でこそ、人は力を蓄えたり、発揮したりすることができるからです。
　ルールのない集団は無法地帯。時間になってもそれぞれが勝手なことを続けていたらどうでしょう。発言を笑われたり、反応がなかったりしたら発言する気になれません。まして協力して活動する、学級やメンバーに貢献しようと思うでしょうか。集まってはいるものの行動も気持ちもバラバラのままです。
　①②の時期にルールの意味を語り、子どもとルールをつくります。そして、やがて守るべきルールから守ると気持ちがいいものであり、人としてのマナーであるという考えに転化させていきたいと考えています。

(2)　ルールを守るといいことがあることを子どもが実感する

　最初は教師がルールの必要性を説きます。その後、子どもにルールを守ると（あるいは守らないと）どうなるかを予測させたり、体験させたりします。
　例えば、「時間を守ること」を例に考えてみましょう。「時間はみんなのもの、時間通りに始めたいから遅れずに来てほしい」と語ります。それができていれ

ば「協力ありがとう。時間通りに始められて，時間通り終えられてすごくうれしい」と感情を思いきり伝えます。

「時間を守ること」により，行間休み，昼休みの時間がきっちり保障される経験を繰り返し，時間を守ることで自分たちの楽しい時間もきちんと保障されているということを体感させます。

こう話すからには，教師も授業時間を延ばしません。ここまで終わらせたいと思っても，時間になったらすぐにやめる。そのことが「時間を守ること」を子どもたちに示すことにもなります。語って価値付けるとともに，心地よさを体験させることです。

一方，ルールを守ることができない場合，叱られたり，時間を守ることであれば，予定の時間が減ってしまったりと不快な感情を体験することになります。これは誰かを傷つける，責める可能性もあり，多用はお勧めできません。

大切なことは，ルールを守るメリットや肯定的感情を体験させることです。そして，子どもたちがルールを守ろうとする意欲を高めること，守る必要性を感じることだと考えます。

(3) ルールづくりに子どもが参画する

ルールをつくる際，学校のきまりや教師の理想・願いをルールにすることが多いでしょう。例えば，「廊下を走らない」または「廊下は歩こう」などは，安全面からルールとして当然のことと言えるでしょう。

私は，最初に語った教師の理想をルールにすることから始めますが，徐々に学級のルールづくりの過程に子どもを参画させることにしています。子どもは，自分たちで決めたという当事者意識があるものに対しての思いや守ろうとする気持ちは高いものです。学年の実態や学級が育っていく過程に応じ，自分たちでルールをつくる，それをみんなで意識し守るという機会を設定していきます。

それは，学級のルールを守ることで安心・安全が保障され，自由に活動できるようになるとともに，自分たちのいる学級は自分たちでつくっていく子どもに育てたいという教師の目指す子ども像にもつながっています。

2 学級に必要なルールをどのようにしてつくるか

(1) 担任として大事にしたいルールを明確にする

　学級という集団に必要なルールとはどんなものがあるでしょうか。担任の価値観，何を大事にするかにより，様々なルールが考えられるでしょう。

　最初は，一つか二つを示し，守らせることです。できたことやよくなっている点を取り上げて認め，守ったことでよかったという感情を味わわせることではないかと考え，実践しています。

　私が，学級づくりの始めに特に大事にしているのは，次の二つです。

> ①話を聴く
> ②時間を守る

　①の話を聴くことについては，「話を聴くことは，話す人を大事にすることの表れだ」と話しています。また年間を通して指導し続けることでもあります。1年間徹底してもなかなか身に付くことが難しいことでもあります。

　②の時間を守ることについては，時間を守ることで楽しい時間，自由な時間を生み出せることになる。学校で過ごす時間はみんなのものという価値を伝えています。

(2) まずは価値を語る

　どの学年を受け持っても，まずは，集団生活を行う上で大事にしてほしいことについて語ります。

　私は，「聴く」と「時間」についてその大切さと守るとどうなるかについて，学級を受け持った早い段階（4月中旬まで）で語っています。

　そして，年間を通じて折に触れ，繰り返し話しています。「またか」と思っている子もいると思います。またかと思われても，大事なことは繰り返し言い続けます。顔をしかめてというより，淡々と。もちろん，守れている時の笑顔

や肯定的なフィードバックも行います。

　「守りなさい」と叱るだけでは効果が少ないと感じています。叱ってもただ，ぽかんとしているだけの子どもたち。叱った際，そのルールの大切さについてふり返るというより，「先生が怒っているからやめよう」と思うだけで，ルールそのものについて思考する，それに伴い行動が改善するに至らない子どももいるのです。

　危険が伴う時は別ですが，叱らず，語り，ふり返らせるよう心がけています。

(3) いざルールをつくる

　ルールをつくる際，いくつか方法があります。

① 教師が提案し，承認を得る

　最初は，どうしても守らせたい価値については，教師の思いを前面に出します。教師が必要だ，大事にしたいと思うことについては，年度初めに話してあります。ですから，そのことに関することについては，教師が投げかける形で入ります。

　また低学年は，最初から自分たちですべて決めるというのは，経験がない場合も多く，難しいと考えます。決める過程自体が学びの場でもあります。そこで，やはり，教師が投げかけるという形から入ることが多いです。

　「話を聴く」については，その人を大事に思う行為の表れであることを語ります。例えば，私自身が話している時に感じた子どもの様子と感情を子どもたちにそのまま返します。

> 　今，私が話し始めたら，□班の人たちは，私の方を見て聴いてくれました。その姿勢がとてもうれしかったです。また，○○さんが，時々うなずいて聴いてくれたのも伝わっているなとわかって，安心しました。ありがとう。

　ここでは，「話し手を見て」「うなずいて」ということが話し手を喜ばせる，安心させるということと感謝を伝えました。

　その際，「その人を見て話を聴くってとても大切なことだから，学級みんな

でできるようにルールにしたいのだけど，どうですか？」と提案します。子どもたちは，「いいよ」と反対しないでしょう。

　最初のルールはシンプルな，ごくごく当然のものがよいと思います。承認され，ルールとなったことは，掲示するなどし，意識できるような工夫をします。
　次に，子どもの実態からルールを決めるやり方です。
　以前受け持った2年生では，給食時間のおしゃべりが多く，時間内に食べることができない子がたくさんいました。その際は，事実を指摘した後，「給食を食べる時間は決まっているのだけれど，なかなか守れない日が多いですね。何かいい方法はないかな」とアイデアを募る形で教師から投げかけました。「しゃべらない」「先生が怒る」「いただきますをしたらすぐにもぐもぐタイム」などいくつか出た後，「いただきますをしたらもぐもぐタイム」に決まりました。
　また，4年生を担任した際は，学校のきまりに「給食の前半10分は，味わいタイム」というルールがあったのですが，なかなか守れない状況でした。そこで，どうしたらいいかと投げかけました。「机を前向きにして食べる」「タイマーを見る」「机はグループにしておく方が後で話せるし，そのままで食べる」など意見が出た後，「机の形はそのままで，味わいタイム」と決まりました。
　内心，「大丈夫かな…」と思ったのですが，子どもたちは決めたその日からタイマーを見ながら，10分間は口を閉じ，味わって食べる姿がぐんと増えました。3日目，途中で見にいらした教頭先生に「味わいタイムが守れていますね」とほめられ，さらに意欲を高めました。
　ポイントは，押し付けすぎないことです。教師から子どもに提案し，承認を得る，子どもから具体的なアイデアを募るなどし，ルール化やルールを守るための具体策を子どもから引き出す形がよいと考えます。
　大事なことは，ルールにする過程で，教師が一方的に押し付けたのではなく，「子どもの承認を得た」「子どもたちと一緒に考えて決めた」という過程を経ることではないでしょうか。その過程を経ることで，自分たちの決めたことに対する責任が生まれ，守ろうとする雰囲気が高まります。

② 授業で価値に気付かせる

ルール化したいことについては、学年に応じ、授業で価値に気付かせたり、具体策を考案させたりすることもあります。

高学年の学級活動で行った授業「伸ばそうコミュニケーションのチカラ〜絆を深める話の聴き方〜」(3)を紹介します。「話を聴く」ことの大切さに気付き、受容的な聴き方を知ることをねらって行いました。

話を聴くことが大切であることは、子どもたちもわかっています。しかし、自分が体験し、実感することや具体的にはどのような行為を大事にしていくのかについて話し合い、学級で共有することで当事者意識をもたせたいと考えて行いました。話を聴く時に相手を見たり、うなずいたりして、聴いていることを態度で示そうとする、そんな子どもの姿をイメージして授業をしました。

（この授業は、ロールプレイに複数の大人が必要です）

	◎学習活動　・予想される児童の反応や思考	○支援や留意点
5	◎人数集めゲーム T「拍手の数の人数で集まります。集まったら座ってください」 ◎活動のねらいを知る。 T「今日はみんなが学級で、安心して気持ちよく過ごせるように、『絆を深める聴き方』について考えてもらいます」	○様々な人とコミュニケーションをとる。2回目以降は、別の人と組むように促す。 ・3人→挨拶　・5人→好きな色 ・3人→じゃんけん（活動へ） ○ふわふわ言葉チクチク言葉の授業で学んだことを思い出させる。
10	◎よくない聴き方のロールプレイを見る。 　子どもA（代表児童）〈先週の休みにしたことを話す〉 　子どもB（2組担任）ほおづえをついてぼーっとしていると、Cに話しかけられる。 　子どもC（支援員）Bに話しかける。体が横向き。 　子どもD（支援員）無反応。	○椅子と机を準備する。

	T「場面を見て，どんなことに気付きましたか」 ・ほとんどの人が話を聴いていない。 ・おしゃべりしている人がいる。 T「Aさんはどんな表情でしたか。どういう気持ちだったでしょう」 ・悲しそう。 ・話を聴いてもらえなくて嫌だった。 T「このようなことを続けていると，クラスはどうなりますか」 ・仲が悪くなる。 ・学校に来るのが嫌になる。	○具体的な言動や様子を出させる。 ○子どもDの様子が出ない場合は，こちらから子どもAに気持ちを聴く。 ○話を聴いてもらえない時の嫌な気持ちを想起させる。 ○話を聴かないことを続けた結末を考えさせる。
5	◎活動のやり方，内容を聴く。 T「3人で，聴く人，話す人，見る人に分かれて，実際によい聴き方をやってもらいます。聴く人は自分が思う最高の聴き方をします」 ・活動のやり方のモデルを見る。	○どのような順番でやればよいのか，視覚的にわかるように提示をする。

> 話す人→①下の内容を聴く人に話す。
> 　　　　②聴いてもらって感じたことを書く。
>
> > カレーとラーメンなら，（　　　　　　）が好きです。
> > 理由は，（　　　　　　　　　　）だからです。
> > 金色と銀色なら，（　　　　　）が好きです。
>
> 聴く人→①最高の聴き方で話を聞く。
> 　　　　②何に気を付けて聴いたかを書く。
> 見る人→①聴く人の様子を見る。
> 　　　　②どんなふうに聴いていたか，思ったことを書く。

9	◎3人でよい聴き方のロールプレイをする。	○ワークシートを配る。時間は6分 ○机間指導しながら，聴く人，話す人，見る人の意見でよいものを探しておき，活動の終わりに紹介する。
	T「このようなことを続けていると，クラスはどうなりますか」 ・仲良くなる。 ・学校に来るのが楽しみになる。 T「話を聴かないクラスと話をよく聴くクラス，みなさんは，どちらを目指しますか」 ・挙手する。	○話を聴くことを続けた結末を考えさせる。 ○話を聴かないクラスに挙手する子がいた場合は，話を聴きたいと思っている子が多いから…と協力を促す。
13	◎3人でよい聴き方で大事なことを考える。 T「実際にやってみましたが，よい聴き方で大事なことは何か話し合って書いてください」 ・話し合って書く。 ◎話し合ったことを発表し，学級のルールを決める。 T「話をよく聴くクラスを目指すために，話し合ったことをもとに学級の約束を決めましょう」	時間は5分 ○マジックと短冊を配る。 ○書き終わった短冊から，模造紙に貼り，似ている意見を分ける。 ○終わった3人は活動の感想をお互いに言い合う。 ○似ている意見は一つにまとめ，特に大事だと思うことに挙手させ，具体的な行動がわかるようにルールにする。
3	◎ふり返りをする。 T「今日の授業をふり返って，わかったこと，気付いたこと，思ったことを書きましょう」	

　各グループで出された短冊はすべて黒板に貼りました。最後に，決まったルールの短冊は，教室に掲示し，意識付けを図りました。

③ 子どもの悩みから出発し，話し合い，ルールにする

　子どもたちが生活の中で，悩んだり，トラブルになったりすることがあります。そのような個々の思いを受けとめ，お互いが気持ちよく生活できるように考えて行動してほしいと思っています。

　そこで私は，クラス会議を定期的に実施し，子どもたちが悩みやそれに対する解決策を出し合い，感情を共有する機会を設けています。

　クラス会議とは，「アドラー心理学の考え方を基に，子どもに社会で生きるために必要なスキルと態度を教え，クラスを教育共同体に育てるアプローチ」[4]です。クラス会議は，毎日朝の会を活用して行うやり方[5]と週に一度定期的に行うやり方[6]があります（詳しくは，書籍をご覧ください）。

　私は，週に一度行うやり方を選択しています。クラス会議プログラムでは，最初の数時間に，話し合いに必要なスキルや物の見方について指導します。実際に子どもたちの困ったことなどについて話し合うのは，クラス会議を始めてから1か月程度過ぎてからになることが多いです。

　低・中学年では，下校のこと，休み時間の遊びに関する議題が多数を占めます。以前2年生で出された議題に，「ドッジボールでボールが回ってこないから嫌だ」がありました。解決策を出し合い，検討した結果，「同じ人が連続で2回投げない」という解決策が選ばれました。

　遊びにはルールが必要で，それを子どもたちが共有したり，守る，守れないの中でいろいろな感情を経験したりしながら学んでいく過程があると思います。

　この解決策に決まった時，「それでいいのかな…。楽しくないのではないかな」と思いました。しかし，危険が伴う，誰かの大きな不利益にならない限り，決定したことには口を出しません。そのまま様子を見守りました。

　翌日から子どもたちには，ボールを取ってもまだ投げていない子にパスしたり，「○○ちゃんがまだだよ」と声を出したりする姿が見られました。本当は，取ったらすぐに投げたい子もいたと思います。しかし，みんなで話し合って決めたことだから…とルールにしたことを守ろうとする姿に，自分たちで決めたことに対する意識の高さが見られました。

加えて，クラス会議で決めたことは，子どもたちがそれでいいと思えば継続しますし，それではつまらない，うまくいかないとなればまた話し合う，変えることが可能です。ルール作成や具体的な解決策を自分たちの手で行うために，クラス会議が果たす機能は決して小さくありません。

3　ルールを定着させるためのひと工夫

(1) 日常的に意識できるようにする

　決めたことを時々思い出せるよう，ポスターなどにして掲示する方法があります。写真のように，学級で決めたルールを書き，いつでも見たり，立ち返ったりするきっかけになることを願い，掲示します。

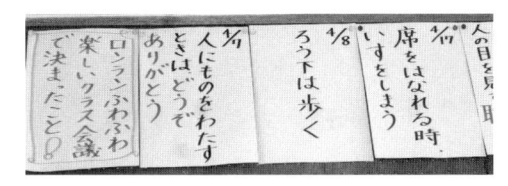

　1年生を受け持った際，年度の終わりに，ルールを書いたポスターがたくさん貼られている教室を見たある子が「みんなでいっぱい決めたねぇ」とつぶやいたのを聞き，見える形で積み重ねていくことの大切さを感じました。

　また，「物を渡す時は，どうぞ，ありがとうを言おう」と確認し，ルール化したのであれば，教師がプリントを配る際も必ず，「どうぞ」と言い，子どもにも「ありがとうございます」を言わせます。2列目以降，子ども同士で行う時も同様です。できていれば肯定的に指摘します。決めたことを行動に移しているかどうか評価したり，うまくいっているかを日常でふり返らせたりすることが大切です。定着するまでは根気と忍耐です。

(2) 禁止より目標達成型にする

　ルール化する際，気を付けていることは文言の文末です。「〜しない」より，「〜しよう」「〜する」の形をとっています。「廊下を走らない」より，「廊下は歩こう」にするということです。

　ポスターで常に目にしたり，口に出したりする言葉だからこそ，禁止ではな

く，目標として目指す時，心地よい言葉になるようにしたいという願いを話しています。これは積み重ねるうちに，クラス会議の解決策にも活きてきます。禁止事項ばかりの教室より，行動目標を掲げた教室の方が気分もよいものです。

(3) 快を体感し，共に喜ぶ

　ルールを守ろう，人のことを考えようと思える状態は，エネルギーが満たされている状態です。何かが満たされない場合，ルールを守るどころか不適切な行動をすることで教師の叱責や声かけなど注目を集めようとする子もいます。

　ルール定着の第一歩には，守るとよいことがあった，気持ちがよかった，うまくいったという体験が必要です。教師や友達の肯定的な声かけ，認められたという安心，達成した後のご褒美など…。最初はそれが動機付けにもなります。

　私の学級では，力を入れたいルールを決め，それについて守れたら，花丸，ハート一つなどと決め，それをいくつかためたら，みんなで遊ぶ，お楽しみ会をするなどをしてきました。成長を実感し，一緒に喜ぶ時間を設けます。[7]

　定着のため，あの手この手で働きかけますが，100％を目指しすぎないことも大切です。追い詰めすぎることで不適切な行動につながる場合もあります。

　ルールの定着に限りませんが，何かを実践する際，一度や二度で，変化が現れることは少ないのではないでしょうか。子どもと共につくる，守れた成長を喜べる，そんな学級づくりを行っていきたいと考えています。　　（近藤　佳織）

【参考文献】
(1) 河村茂雄『学級づくりのためのQ-U入門』図書文化，2006
(2) 赤坂真二『スペシャリスト直伝！　学級を最高のチームにする極意』明治図書，2013
(3) 赤坂真二『友だちを「傷つけない言葉」の指導　温かい言葉かけの授業と学級づくり』学陽書房，2008を参考に，2010年にチームで考案した授業を修正した
(4) 赤坂真二『赤坂版「クラス会議」完全マニュアル』ほんの森出版，2014
(5) 諸富祥彦監修　森重裕二著『1日15分で学級が変わる！　クラス会議パーフェクトガイド』明治図書，2015
(6) 赤坂真二『クラス会議入門』明治図書，2015
(7) 伊垣尚人『子どもの力を引き出すクラス・ルールの作り方』ナツメ社，2011

10 「人生の宝物」を増やす
〜ルールに縛られず，ルールを楽しむ〜

1 守ることができないルールはいらない

(1) ルール無視が常習化

> 4月。新しいクラス。いいクラスにしたいと思い，意気込む。本を読んだり，研修に行ったりして，大切だと言われている学級開きの日に臨む。ついに，初日。子どもたちの前でどんなクラスにしたいかを宣言する。そして，そんなクラスにするためには，こんなルールが必要だと熱く語る。学級開きの時に，教師が大切にしたいと思っているルールをすべて話し，できるだけ早い時期にそれらのルールが定着するよう，子どもたちを観察し，守れていなければ注意し，徹底させる…。

　これは，私のある年の様子です。私は，こんな流れがいいのだと考えていました。細かいルール設定。それらが守られているかのチェック。譲らない厳しさ。これが組織的な集団をつくるのだと思っていました。
　ところが…子どもたちも初めのうちは，ルールを守ろうと頑張るのですが，そのうち守ることができなくなり，逸脱し始め，ルール無視が常習化していきます。私はこれで失敗しました。子どもたちに申し訳ないことをしました。
　私はなぜこのような失敗をしたのでしょう。それは，私が設定したルールは，教師発信のルールだったからです。そのルールを守る意義もわからず，一方的に押し付けられたルールでは，守るためのモチベーションは上がりません。

第2章　集団をつくるルールと指導　失敗しない定着のための心得

二つ目は，ルールの数が多いことです。
　新しい学年になった時，ほとんどの子が，不安な気持ちとともに，「今年（こそ）は，頑張ろう！」という気力に溢れているのではないでしょうか。そんなところに，数多くのルールを押し付けられたら，やる気をなくしてしまうのが，目に見えています。
　特に，「～しない」という否定的な表現のルールは，好ましくありません。心理学的にも，例えば「廊下を走らない」と子どもに伝えた時，逆に「走る」行動を強化してしまうと聞いたことがあります。「廊下を歩く」という肯定的な表現のルールにするよう，心がける必要があると思います。
　また，ルールの数が多くなれば，ルールを守れているかどうかのチェックが雑になり，そのうち，私の失敗例のように，ルール無視が常習化してしまう可能性が大きくなります。
　私は，前述のルールづくりに失敗した年以外にも，ほぼ毎年の学級開きで，「叱る基準」について話をしてきました。例えば，こんな感じです。

　　私は，普段は優しい先生です。でも，次の時には，鬼のように叱ります。
　　まずは，「命にかかわる時」。廊下を全力で走る，ほうきをふり回す，窓から体を出す…など，命にかかわるようなことをした時は，鬼になります。
　　そして，「いじめをした時」。陰口や人の嫌がる落書きなどを，私は絶対に許しません。LINEなどに悪口を書き込むのもいじめです。いじめがあったら私は鬼以上になることを覚悟しておいてください。
　　最後に，「けじめがない時」。時間を守らない，学校に不要な物を持って来る…など，けじめのない行いをした時も，私は厳しく叱ります。
　　私が鬼になることがないよう，みなさん，気を付けましょう。

　最初が肝心と言います。このように，「叱る基準」を明確にすることも大切なことなのかもしれません。しかし，最近，違和感を覚え始めたのです。命を守ることは大切。いじめを予防することも当然大切。それらに間違いは絶対ないのですが，「先生に叱られないため」になることに違和感があるのです。

叱られないためにルールを守るのであれば，見つからなかったら，守らなくてもいいのです。交通事故がなくならない理由の一つにこれがあるような気がしてなりません。つまり，いくら罰則が強化されても，見つからなければ罰せられないのです。スピード違反や駐車違反などをしてはいけない理由が我が事として実感されていないから，違反をし，その挙句に事故を起こすのではないでしょうか。

そのように考えると，やはり「教師発信」で「数多くある」「叱られないために守る」ルールは，意味がないどころか，有害にさえ感じてしまいます。

「教師発信」に関連して，子どもをコントロールするためのルールになっていないかということも，私は常に慎重でありたいと思います。ルールは子どもの成長のためのものでなければいけません。子どもを「締める」という考え方にも抵抗を感じます。動物を調教しているような，非人権的な感じがするのですが，いかがでしょうか。

いきなり問題提起のような内容になってしまいました。

集団づくりにおいて，ルールというものが非常に大切であることは，言うまでもありません。ルールの設定と定着がうまくいくかどうかは，その集団の存続にも影響してしまいます。つまり，うまくいかない場合は，学級が崩壊することもあるのです。だから，慎重に考えていきたい…そう考え，今，自分が問題だと感じていることをまず挙げさせていただきました。

学級集団のルールにおいて，今，問題に感じていることをまとめます。

- 教師発信のルール設定になっている。
- ルールの数が多い。
- 叱られないために守るルールになっている。

(2) 守りたくなるルールへ

では，どういうルールが学級集団において，必要であり，有効なのか。もちろん，問題だと思われるルールの逆です。

> ・子ども発信のルール設定にする。
> ・欲張らず、スモールステップでルールを定着させていく。
> ・ルールを守る意義を子どもたちが理解している。

　子どもの発達段階や、学級の状況によって、仕掛け方は変わってきます。「これぞ王道」という方法は、ないと思います。ただ、言えることは、教師の中にぶれない芯をもつことが必要だということです。

　私たち教師が目指さなければいけないことは、教育基本法第1条「教育の目的」に記されています。

> 教育は、人格の完成を目指し、平和で民主的な国家及び社会の形成者として必要な資質を備えた心身ともに健康な国民の育成を期して行われなければならない。

　これを自分の言葉でまず理解することです。「人格の完成」とは。「平和で民主的な国家及び社会の形成者」とは。

　私は、「人を幸せにすることができる人」を育てることが、教育の目的だと理解しています。野口芳宏氏のお言葉[1]をお借りすれば、「利他の心」を育むことです。

　悩みながら、迷いながらの毎日ですが、この芯だけはぶれないようにしています。そして、ルールに関することだけでなく、すべての教育活動が、「利他の心」を育むという目的を目指すようにしています。

2 ルールを守ることで、人生の宝物が増える

(1) 子どものやる気を活かすルール指導

　ある年、私は持ち上がりで6年生の担任をしました。前年度、幼い男子と、早熟な女子で、隣のクラスは落ち着かない状況になっていました。そして、クラス替え。不安な気持ちを抱えながらも、子どもたちは「今年こそ頑張りた

い」という意欲で満ち溢れていました。

　６年生がスタートしてから１週間が経った日。「１週間どうだった？」というテーマで書いたふり返りにも、その意欲が読み取れます。

> ５年生の時より10倍しんけんにしました。この１年間は、100％本気でいきたいと思います。前にも書いたけど、集中してなかったら言ってください。

　前年度、隣のクラスで、学習に集中できなかった男子です。彼は、６年生の１年間、宣言通り「100％本気」で取り組むことができたと、私は評価しています（毎学期末に行っていた「音読大会」では、彼の本気の音読に、仲間たちが感動して涙したシーンもあったぐらいです）。

　これだけ意欲に溢れた子どもたちに対すると、「鉄は熱いうちに打て」とばかりに、教師は自身の思いをぶつけ、理想の学級づくりをするための、教師発信のルールを提示してしまいがちです。

　そのことで失敗している私は、子どもから発信されるルールづくりを意識しました。と、言っても、ただなんとなく学校生活を過ごしている子どもに、自分を律するルールは、あまりイメージできないでしょう。だから、教師がアイテムを提示するのです。

　「何のために学校に来るのか」。これを子どもたちに問います。「勉強するため」。「友達と仲良くするため」。いろいろな意見が出てくるでしょう。それらすべてに共感します。そして、こうつなげます。

　「つまり、みなさんは"自分を磨くため"に学校に来るのですね」

　"自分を磨く"という表現、高学年にはニュアンス的に伝わると思います。低学年などで伝わりにくい場合は、"かしこくて、優しい人になるため"と表現するといいでしょう。

　「では、何のために自分を磨くのでしょうか」

　この問いは、少し難しいかもしれません。出てくる意見に共感しながら、

　「私は、"人を幸せにするため"だと思うのですが、どうですか」

と、私の中での「教育の目的」に当たる芯の部分を示します。

「自分を磨くために必要なことを考えてみましょう。森信三先生と言って，先生たちのための先生のような立派な方がおっしゃっていた言葉を紹介します。森信三先生は，自分を磨くためには，まず"返事・挨拶・後始末"の習慣を身に付けることが大切だとおっしゃっています（"返事・挨拶・後始末"の具体例は，そのクラスの実態に応じて提示します）。このうちの一つを目標にし，その目標を達成するためのルールを考え，頑張っていきませんか」

ルールの前にまず目標です。私は，クラス目標を早い時期には決めません。まだクラスの様子がわからないうちから，子どもたちに目標を考えさせることは難しいからです。ですので，この時の目標は，「自分を磨くための目標」になります。

この年は，まずは「挨拶をする」という目標に決まりました。挨拶をすると，された方が幸せな気持ちになるということも，全員で確認しました。その目標を達成するためのルールとして，教室に入る時には，必ず挨拶をすることになりました。そして，ルールが守れたかどうかは，朝の会で確認し，守れた人は手を挙げる，自己申告制にしました。

学級のルールですので，学年の終わりまで続けますが，定着してきたと思う頃（具体的には９割以上の子が守れるようになったら），次のルールを考えていきます。挨拶に関して，この年は，教室→校舎内→地域と広げていくことができました。

ここまでをふり返ってみます。

① 子ども発信のルール設定

お気付きかもしれませんが，子どもたちの考えを誘導しているところがあります。前述の通り，漫然と過ごしている子どもたちは，学年初めに意欲はあっても，頑張るためにはこうしたらいいというはっきりとしたイメージはないことがほとんどです。ですので，

教師の方から，頑張る意欲を具体化していくアイテムを提示する

ことが必要です。

なぜ学校に来るのか…そこから，意識させ，「教育の目的」につなげていくのです。そこからのルールづくり。私の場合は，"返事・挨拶・後始末"というアイテムを提示し，子どもたちに選ばせました。まずは「選ぶ」という自発的な行為から，ルールを決めていくことをお勧めします。

② 欲張らず，スモールステップでルールを定着させていく

子どもたちが選んだ「挨拶をする」という目標に対して，「教室に入る時には必ず挨拶をする」というルールが決定しました。ここは欲張らないことが大切です。挨拶なのだから，どこでも挨拶ができればいいのですが，まずは身近なところから。

ルールを増やして，一番困ることは，先に述べた通り，ルールを守れているかどうかの確認が雑になることです。

> ルールが守れているかのふり返りをする。

これを怠れば，ルールをないがしろにする子が出てきます。ルール無視を容認すると，「ルールは守らなくてもいい」ということを，子どもたちに教えているのと同じことになります。

少ないルールを，スモールステップで定着させていくのは時間がかかるかもしれません。しかし，軌道に乗ると子どもたちだけで充分できる流れになっていきますので，私は確かな方法だと思います（子どもたちだけでできる仕組みは後述します）。

③ ルールを守る意義を子どもたちが理解している

挨拶をすることが，自分を磨くことになり，ひいては人を幸せにできる人になることにつながる…ということが，子どもの中で理解し，納得できていれば，「先生に言われたから」「先生に叱られるから」守るルールではなくなります。ですので，私がいるいないにかかわらず，教室に入る時は挨拶をするようになります。挨拶をしないからと言って，私は叱りません。

叱らないのですが…なかなか定着しない，つまり習慣化しにくいルールの場合，教師からの働きかけはある程度必要となります。

そんな時に有効なのが, ユーモアです。

| ルールの定着には, ユーモアで指導を |

　例えば, 教室に入る時, 挨拶しない子に対して,「挨拶なしで家に入るのは, 泥棒ぐらいやで。逮捕してやるー！」と言って, 抱き締めます。この「抱き締める」効果は, 高学年, 特に男子には絶大で, 不思議と（笑）ルールを守るようになります（私に抱き締められたくないから, ルールを守るというのはどうかというご批判…ごもっともです）。あ, でも, これは私がオバチャン先生だからできることですので, 若い男の先生はご注意ください。若い女の先生は, 子どもたちが喜ぶので, 逆効果だと思います（笑）。
　「後始末」を目標にした時,「席を離れる時は, 椅子を入れる」というルールを設定することが多いのですが, そんな時も, ユーモアを使います。今, お食事中の方には申し訳ない話なのですが, 後始末することを「うんこをした後, お尻をふく」ことに例えるのです。ですので, 椅子を出しっ放しということは, お尻にうんこをつけっ放しということになります（こういう表現が, 明治図書さん発行の本で許されるのでしょうか…不安）。

　出しっ放しの椅子を見て, 私が,「うんこ, ついてるで」と注意するので, 子どもたちも同じように注意するようになります。6年生女子が男子に「うんこ, ついてるで」と注意する様子は, 何とも微笑ましいものです（笑）。

④　人生の宝物になる
　このようなルールは定着していくと, 習慣化していきますので,「人生の宝物になる」と私は考えています。
　プリント等を配られたら,「ありがとうございます（友達には『ありがとう』）」と言うルールにします。ある年, 保護者からこんな感謝の言葉をいただきました。

「うちの子，今まで私に'ありがとう'なんて言ったことないのに，先生のクラスになってから，ごはんのおかわりを渡した時なんかに'ありがとう'って言ってくれるようになったんですよ。もううれしくて，うれしくて…」

ルールが一つずつ定着していくたびに，人生の宝物が一つずつ増えていく…そう考えると，素敵ですよね。

(2) 子ども発信のルールにより，自治的能力を高める

今までの実践は，「子ども発信のルール設定」と言っても，教師の関与が大きいものでした。

この年は，6年生の担任でしたので，子どもたちには常々「先生が必要でないクラスにしたい」と話していました。

朝の会も「朝のサークルミーティング」と称して，話し合うことをメインにした時間を過ごしていました。

サークルミーティングが始まるまでに，机を端に除け，床に円になって座り，毎日話し合う場を設けていました。

この年のクラスには，日直がなく，その日のリーダー（日替わりで一人）が司会進行を務めていました。リーダーの主な仕事は，その日の時間管理と呼びかけです。

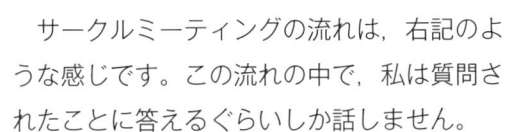

サークルミーティング

サークルミーティングの流れは，右記のような感じです。この流れの中で，私は質問されたことに答えるぐらいしか話しません。

③の「気になる連絡」とは，「今日の予定」や「明日の連絡」を書いた小黒板を見ながら質問を考えることです。私は，前日に「明日の連絡」を小黒板に書いており，登校した子どもから，その内容を連絡帳に写させることにしています。

① 今日のリーダー紹介
② 健康チェックと欠席確認
③ 気になる連絡
④ 伝言板から
⑤ 今日の目標

④の伝言板とは，教室後方に置いた模造紙ほどの大きさのホワイトボードのことです。それを半分に区切り，「HELP（困っていること・助けてほしいことなど）」と「HAPPY（いい気分になったこと・感謝していること・感心したことなど）」を書きます。サークルミーティングで，それらを読み上げ，話し合うべきことは，リーダーを中心に話し合います。

今のクラスの状況や③④の内容を踏まえ，⑤で今日の目標を決めます。基本的には，リーダーが考えますが，考え付かない時には，全員に委ねます。そこで出てきた意見から，最終的にはリーダーが決め，全員の同意を求めます。決まった目標は，リーダーが短冊に書き，黒板の右端に掲示します。

そして，決めた目標を達成するための具体的な行動をルール化します。例えば，「姿勢を正す」という目標が決まれば，授業中，姿勢が乱れてきたと感じたら，声をかけ合うことがルールになります。

帰りの会で，目標が達成できたかを確認します。9割以上ができていれば，目標達成ということにしていました。

この年は，「伝説の6年1組」というのが学級目標でしたので，廊下に「伝説の木」というものを貼り付け，根元（文字通り"根"をデザインしています）に，達成できた目標を貼り付け，木の栄養にするということにしていました。余談ですが，伝言板に貼り付けられた花型の付箋に書かれた「HAPPY」なことも，伝説の木に咲く花として貼っていました。花の数が増えていくことに，全員で喜びを共有していました。

廊下に貼られた「伝説の木」

> 守ることができたルールを可視化する。

ルールを守ると気持ちがいい，ルールを守ると自分やクラスが成長できる…このように実感できることが，大切です。ですので，守ることができたルール（達成された目標）を可視化することには大きな意味があります。

サークルミーティング自体にもルールがありました。それは「男女混ざって

座る」ということです。これも，教師から何も働きかけなかったら，子ども側から自然に出てくる発想ではありません。「男女の仲が良いのと悪いのではどちらがいいか」を子どもたちに訊いたところ，全員が「男女の仲が良い方がいい」と答えました。それならば，どうすればいいのかということで，サークルミーティングでも男女混ざって座ることにしたのです。

ルール定着にはネーミングの工夫も

この男女が混ざることを「ミックスジュース」と呼んでいました。男女が固まっている時に，誰かが「ミックスジュースになろう！」と声をかけます。すると，あまり強制された感じがなく，素直に行動できるようです。前述の「うんこ」もその一例です。

ミックスジュースが定着すると，右の写真のように，男女関係なく円陣を組むことにも抵抗がなくなります。

サークルミーティングは，クラス会議を応用したものです。クラス会議については，他の方も取り上げておられるのではないかと思います。ここで詳述しませんが，参考文献[2]を挙げましたので，ぜひご覧ください。

この年は，2学期からクラス会議を始めました。サークルミーティングとクラス会議により，「自分たちの問題は自分たちで解決する」という意識と力を身に付けた子どもたち。

先日，この子どもたちを担任されている中学校の先生にお会いしました。その先生が驚かれたことは，4月当初から担任に頼らず，自分たちで考え，動いているということ。中学校では，サークルミーティングもクラス会議もしていないそうですが，小学校で身に付けた自治的能力が開花したようです。今ま

縄跳び大会前に男女混ざって円陣を組む子どもたち

クラス会議

でのルールで身に付けた「人生の宝物」を基盤に，新しい仲間関係で必要となったルールを構築し，またさらに「人生の宝物」を増やしていくことでしょう。そうやって自分を磨き，「利他の心」を育んでいく彼らが頼もしく感じます。
　ルールに縛られず，ルールを楽しむ…そんな学級集団をつくっていきましょう。

（永地　志乃）

【参考文献】
(1)　野口芳宏『利他の教育実践哲学―魂の教師塾―』小学館，2010
(2)　赤坂真二『赤坂版「クラス会議」完全マニュアル』ほんの森出版，2014
　　 赤坂真二『いま「クラス会議」がすごい！』学陽書房，2014
　　 赤坂真二『クラス会議入門』明治図書，2015

あとがき

　お読みくださりありがとうございました。
　実は，私のゼミには密かな自慢があります。近年，子どもたちの学級への適応感などを測るアンケートが開発されていますが，修了生たちのそれにおける，数値がよろしいということです。現職者はもちろんですが，新卒で現場に入った修了生たちも，よい数値を得ているのです。
　もちろん，若手はベテランよりも比較的指導しやすい学級を任されているということもあるでしょう。赴任した地域や学校の雰囲気も影響しているとは思いますが，今時の一般的な学校で，子どもたちの学級への満足している度合いが100％近いということは，そこに何らかの理由があると見た方が妥当ではないでしょうか。
　そこで，それらのうちの小学校６年生を担任する修了生に聞いてみました。
「一体何をしたの？」
　彼女の答えです。
「教えていただいたことを継続できるように努めました。話の聞き方，挨拶，給食，掃除，言葉，認め合いの時間を設けることなどなどです。細かいところでは，靴の入れ方とか忘れ物，授業への臨み方など結構厳しめに言ってきました。
　話し合いもたくさんしました。その都度ふり返りをして１日１日よくなるように子どもに考えさせました。
　１学期は，子どもたちが，何のためにそれをすると思うか考え，それをできるようになるとどうなるか考えられるように言葉をかけてきました。
　これはよいかわかりませんが，『私は隠し事が嫌いだからみなさんに対して感じたことはみなさんにはっきり言います！』って４月当初に宣言し，ダメ出しをたくさんしました。それに対して子どもたちに考えたことを聞きました。
　班活動が機能するようにたくさん声をかけ，子どもたち同士で声をかけ，上に書いたことを注意し合えるようにしました。これはまだまだ指導継続中で

す」

　彼女は学級集団づくりの鉄則を踏まえて指導していることがわかります。
　まず，教師が子どもたちに「隠し事をしない」ことを宣言しています。彼女は，ダメ出しをしていると表現していますが，これは恐らく普段の指導態度にも反映され，それが自己開示する担任として映り，子どもたちの信頼感を獲得していると思われます。
　その信頼感をリソースにして，子ども集団を組織化して，自治を育むような声かけや活動をしています。話し合いを通した，生活のふり返りは大変有効だと考えられます。生活のふり返りは，子どもたちのメタ認知の力を高め，自分たちの姿を客観的に見る力を鍛えます。鏡を見ることによって，おしゃれに気遣うようになり，服装や立ち居ふるまいが洗練されてくるのと一緒です。
　しかし，子どもたちの自治的活動は，子どもたちの能動性が育っていないと実施が難しいです。それを可能にしているのが，彼女が冒頭に述べているルールの徹底です。子どもたちは，きっと徹底されたルールの中で安全で安心な生活をしていると思います。だからこそ，満足度の高い生活ができるのだろうと思います。安心感の保証は，子どもたちの活動意欲を高め，様々な場面での挑戦を生みます。日々の挑戦があるから生活が充実感に包まれます。学校生活の充実感は，学級生活の満足感を上げることでしょう。
　ルールづくりで学級づくりが完結するわけではありません。しかし，ルールを定着させることが，子どもたちの活動を活性化することは間違いありません。つまり，みなさんの理想を実現する基盤となるわけです。
　本書が，みなさんと子どもたちの充実感に満ちた学級生活の創造につながればこれに勝る幸せはありません。執筆者のみなさん，そして明治図書の及川誠さん，校正を担当してくださった西浦実夏さんのおかげで本書を世に出すことができました。心からお礼を申し上げます。

赤坂　真二

【執筆者一覧】（掲載順）

赤坂真二	上越教育大学
松下　崇	神奈川県横浜市立川井小学校
荒巻保彦	和歌山県新宮市立三輪崎小学校
田中文健	新潟県上越市立春日小学校
山田将由	神奈川県横浜市立本牧小学校
小野領一	奈良県奈良市立大安寺小学校
岡田順子	新潟県上越市立春日小学校
濱　弘子	静岡県沼津市立大平小学校
宇野弘恵	北海道旭川市立啓明小学校
近藤佳織	新潟県魚沼市立広神西小学校
永地志乃	奈良県御所市立大正小学校

【編著者紹介】

赤坂　真二（あかさか　しんじ）

1965年新潟県生まれ。上越教育大学教職大学院教授。学校心理士。19年間の小学校勤務では，アドラー心理学的アプローチの学級経営に取り組み，子どものやる気と自信を高める学級づくりについて実証的な研究を進めてきた。2008年4月から，即戦力となる若手教師の育成，主に小中学校現職教師の再教育にかかわりながら，講演や執筆を行う。

【著　書】

『スペシャリスト直伝！　学級づくり成功の極意』(2011)，『スペシャリスト直伝！　学級を最高のチームにする極意』(2013)，『THE　協同学習』(2014)，『THE　チームビルディング』(2014)，『一人残らず笑顔にする学級開き　小学校〜中学校の完全シナリオ』(2015)，『最高のチームを育てる学級目標　作成マニュアル＆活用アイデア』(2015)，『自ら向上する子どもを育てる学級づくり　成功する自治的集団へのアプローチ』(2015)，『クラス会議入門』(2015)，『いじめに強いクラスづくり　予防と治療マニュアル　小学校編』(2015)，『いじめに強いクラスづくり　予防と治療マニュアル　中学校編』(2015)，『思春期の子どもとつながる学校集団づくり』(2015)，『気になる子を伸ばす指導　成功する教師の考え方とワザ　小学校編』(2015)，『気になる子を伸ばす指導　成功する教師の考え方とワザ　中学校編』(2015)（以上，明治図書）
他多数

学級を最高のチームにする極意シリーズ
集団をつくるルールと指導
失敗しない定着のための心得　小学校編

2016年3月初版第1刷刊 ©編著者	赤　坂　真　二
2016年11月初版第2刷刊 発行者	藤　原　光　政
発行所	明治図書出版株式会社

http://www.meijitosho.co.jp
（企画）及川　誠（校正）西浦実夏・関沼幸枝
〒114-0023　東京都北区滝野川7-46-1
振替00160-5-151318　電話03(5907)6704
ご注文窓口　電話03(5907)6668

＊検印省略　　組版所　長野印刷商工株式会社

本書の無断コピーは，著作権・出版権にふれます。ご注意ください。

Printed in Japan　　ISBN978-4-18-201223-5
もれなくクーポンがもらえる！読者アンケートはこちらから →